STADTBAHN ET RINGBAHN

DE BERLIN

CONDITIONS D'ÉTABLISSEMENT ET D'EXPLOITATION

> Der Centralbahnhof, in der Friedrichstrasse,
> ist jetzt ein gewaltiger Mittelpunkt deutscher und
> preussischer Macht; betrachtet man die Zickzack-
> linien, die von ihm ausgehen, so kann man vol an
> Donnerkeil in der Hand Jupiters erinnert werden,
> der nach rechts und links seine Blitze sendet.
>
> National Zeitung. - 7 feb. 1882.

ÉTUDES DE DÉCEMBRE 1884.

ALENÇON
TYPOGRAPHIE & LITHOGRAPHIE E. RENAUT-DE BROISE
5, Place d'Armes, 5.

1885

Plan d'Ensemble de la Stadt et Ring Bahn de Berlin.

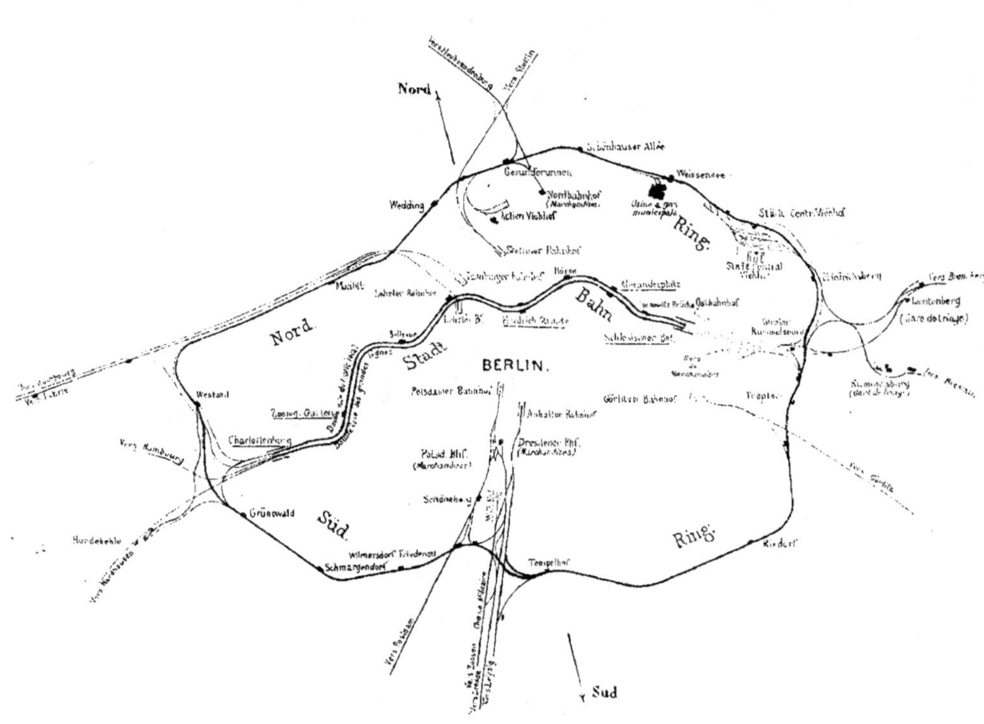

ÉTUDES SUR LES STADTBAHN ET RINGBAHN

CHAPITRE I.

CONSIDÉRATIONS GÉNÉRALES

CHAPITRE II.

CONSTRUCTION

CHAPITRE III.

EXPLOITATION TECHNIQUE (Mouvement)

CHAPITRE IV.

EXPLOITATION ADMINISTRATIVE ET COMMERCIALE

CHAPITRE V.

MATÉRIEL ET TRACTION

CHAPITRE VI.

ADMINISTRATION

CHAPITRE I.

CONSIDÉRATIONS GÉNÉRALES

Sociétés primitives de la Stadtbahn. — But de l'entreprise. — Absorption par l'État Prussien. — Changement d'objectif. — Dépenses d'établissement.

Tracé. — Acquisitions. — Quartiers desservis. — Importance stratégique. — Importance commerciale.

Sociétés primitives de la Stadtbahn. — But de l'entreprise. — Absorption par
l'État Prussien. — Changement d'objectif. — Dépenses d'établissement.

En 1872, à Berlin, se forma une Société, dite de Construction des Chemins de fer
Allemands, *Deutsche Eisenbahnbau Gesellschaft*, ayant pour objectif de raccourcir le trajet
vers l'*Est* des lignes du *Sud-Ouest*, de l'*Ouest* et du *Nord-Ouest*.

Le Gouvernement allemand, dont ce plan avantageait sa ligne de l'Est, s'y montra
très-favorable ; la Société avait même déjà commencé ses acquisitions de terrain, lorsque
la crise financière de 1873 vint paralyser l'entreprise.

A raison de l'importance stratégique de la ligne de l'État dans l'ouest (Berlin-
Wetzlar-Metz), ligne qu'il fallait doter d'une gare dans la capitale, un traité fut souscrit,
(le 15 décembre 1873), pour l'exécution du projet. Les participations à la communauté furent alors mises en actions, comme suit :

1° L'État	21 000 000 Mark.
2° La Compagnie de Postdam-Magdeburg . .	6 000 000
3° La Compagnie de Magdeburg-Halberstadt .	6 000 000
4° La Compagnie de Berlin-Hamburg . . .	3 000 000 ·
5° La Société de construction des chemins de fer allemands	12 000 000
Au total	48 000 000

Après un versement de 10 0/0 du capital-actions, la communauté se constitua en
Compagnie du Métropolitain de Berlin *Berliner Stadteisenbahn Gesellschaft*:

Mais, la Société de construction des chemins de fer allemands, n'ayant pu verser plus de $\frac{2}{10}$ de son apport, soit 2 400 000^m; cette somme fut confisquée par l'Etat et une nouvelle entreprise tentée pour combler la différence en moins, 9 600 000^m (=12 000 000^m — 2 400 000^m). En même temps, on reconnaissait que dans l'évaluation des dépenses primitives, il s'était glissé un mécompte de 9 100 000^m. D'où nécessité de couverture pour 18 700 000^m. (= 9 600 000 + 9 100 000).

Cette succession d'opérations dura de 1873 à 1878.

Afin de fixer la situation, un traité (du 23 février 1878), fut alors souscrit pour liquider la Société,

Donnant au fisc la propriété des entreprises primitives,

Confiant la liquidation à l'État,

Confirmant l'acquisition des fonds, versés à la ligne métropolitaine par la Société de construction des chemins de fer allemands,

Imposant aux trois Compagnies de chemins de fer, participant jusque-là, l'obligation d'un versement collectif de 40 °/₀ du capital-actions désigné, soit au total, 6 000 000 ^{m}.

Prononçant l'annulation du traité de 1873 ;

Par contre, les trois Compagnies du syndicat acquièrent le droit de raccordement à la Stadtbahn, si leurs jonctions sont exploitables du jour de l'ouverture de la Stadtbahn.

Ces mêmes Compagnies, ayant d'ailleurs, dans les limites du possible, droit à la réception et à l'expédition de leurs trains aux gares de la Stadtbahn, sous la réserve que les trains métropolitains primeront tous les autres et que les marches de la ligne seront réglées par l'Etat (1).

L'administration de la Stadtbahn (l'Etat prussien) restait en dehors de toutes les dépenses d'exploitation (telles que salaires, soldes, primes de parcours) du personnel des trains des Compagnies admises à la circulation mixte.

Seul, le matériel roulant des trains de banlieue dut faire l'objet d'une taxe de location.

La participation des Compagnies au trafic des marchandises, restait à régler par la suite.

Une loi, soumise au Landtag, le 8 mars 1878, autorisa l'exécution de la ligne dans ses conditions.

---

(1) Ce traité présente cette particularité à remarquer que des concessions sont consenties par l'Etat, propriétaire-exploitant, non pas contre le paiement, suivant le mode général, 1° d'un loyer, 2° d'un abonnement d'exploitation, correspondant à des bases, fonctions du trafic, et donnant lieu avec l'Etat à des règlements de compte très-laborieux, mais simplement à charge :

1° du versement d'une somme une fois donnée.

2° de l'exécution de certains travaux.

Cette simplification est à citer lorsqu'il s'agit d'un pays aussi administratif que l'Allemagne. Peut-être pourrions-nous même en tirer des déductions, profitables pour nous?

Le capital de construction se trouva, par la suite, composé comme suit :

En moins versé des Compagnies, suivant bases de 1873   9 000 000 m.
Déficit de la Société de construction des chemins de
    fer allemands 9 600 000
Insuffisance dans l'évaluation des travaux 9 100 000
Acquisition de terrains en excédant (lesdits terrains
    susceptibles d'être revendus plus tard) 8 000 000
Versement primitif des finances 1873-74 . . . . .   21 000 000

        Pour l'État . . . .   56 700 000^{m}

Titres périmés de la Société de construction des che-
    mins de fer allemands 2 400 000
Contribution des compagnies (40 % du capital primitif).   6 000 000

        Pour les Sociétés 8 400 000

        TOTAL 65 100 000

Dans cette somme de 65 100 000 m. ne figuraient que pour
partie les dépenses d'établissement des *gares extrêmes* de
la Stadtbahn, *de jonction* avec les différentes lignes du
Syndicat.

Le paiement des dépenses d'établissement de ces gares fut
réglé comme suit :

Schlesischer Bahnhof, à l'Est, avec ses dépendances,
5 200 000 m., soit 6 500 000 fr. A la charge de la Stadtbahn et par conséquent compris dans les 65 100 000 m.,
1 700 000 m.

A la charge des lignes raccordées 3 500 000

      (1 700 000 + 3 500 000 = 5 200 000).

Charlottenburg, à l'Ouest, avec ses dépendances,
4 570 401^{m}, soit 5 713 001 fr. 25. A la charge de la Stadtbahn et par conséquent compris dans les 65 100 000 m.,
1 523 456 m.

A la charge des Compagnies raccordées 3 046 945

      (1 523 456 + 3 046 945 = 4 570 401).   6 546 945

        Au total 71 646 945

La Stadtbahn, avec ses gares extrêmes, a donc coûté **71 646 945 mark (89 558 666 fr. 25)**, soit en chiffres ronds : pour **onze kilomètres, quatre-vingt-dix millions de francs.**

Pour 1 kilomètre, 8 200 000 francs.

A la suite des contrats que nous venons de voir, l'Etat, déjà maître des lignes de l'Est et du Berlin-Wetzlar-Metz, fut mis en possession de Magdeburg-Halberstadt et de Berlin-Postdam-Magdeburg. Il ne resta plus alors en présence que Berlin-Hamburg.

Dès ce moment, les idées changèrent forcément de cours ; on songea à l'établissement de *quatre voies*, dont deux à réserver au trafic-voyageurs, deux au trafic-marchandises.

Mais l'Etat abandonna les considérations de produit financier du trafic-marchandises pour s'attacher à la *question stratégique* et aussi, mais accessoirement, pour répondre *aux exigences toujours croissantes des affaires et en forcer autant que possible l'allure.*

Des commissions furent envoyées :

      A Londres ,

      A New-York ,

      A Vienne,

pour se rendre compte tant des résultats obtenus que des projets en cours d'exécution. Les études établirent qu'un métropolitain devrait, avant tout servir au trafic-voyageurs et que le but à atteindre consistait à *relier aussi intimement que possible les faubourgs et la Banlieue aux quartiers centraux de la ville.*

La Stadbahn fut ainsi appelée à une *vie commune* avec d'autres lignes, notamment celles de *Ceinture* et de *Banlieue.*

Comme conséquence, on écarta complétement le projet primitif d'un service de petite vitesse et on s'arrêta à partager les quatre voies entre deux trafics :

1° — Services : — Local-Métropolitain — de Ceinture — et de Banlieue.

2° — Services des Grandes Lignes.

La Stadtbahn fut ouverte dans ces conditions ; mais des considérations particulières de service, basées notamment sur l'inégale répartition des trains entre les deux groupes, amenèrent à reporter au second (Grandes Lignes) le trafic de Banlieue.

Tracé. — Acquisitions. — Quartiers desservis. — Importance stratégique. — Importance commerciale.

La *Stadtbahn* est *aérienne sur tout son parcours.*
Elle mesure :
D'axe en axe de ses gares-limite 11^k. 3 ;
De l'une à l'autre de ses extrémités 12^k. 145.
Elle coupe Berlin et sa ceinture (Ringbahn) suivant leur plus grand diamètre (1) ;
elle reste sensiblement parallèle à la Sprée, bien que la traversant trois fois.

Une phrase, sans doute un peu naïve, d'un compte-rendu officiel du Ministère des
Travaux Publics, traitant de la question, indique parfaitement la situation remarquable-
ment heureuse du terrain de construction : « *Il n'a été tenu aucun compte, dans le tracé de*
« *la ligne, des difficultés du sol, attendu que Berlin, à l'exception de quelques faubourgs, est*
« *situé dans une plaine.* »

Entre l'extrémité Est, (Schlesischer Bf.), et la Sprée, (Jannowitz brücke), il n'y avait,
lors des acquisitions de terrains, que des faubourgs sans importance ; c'est la Stadtbahn qui leur a donné l'animation que nous leur voyons aujourd'hui ; c'est dire que le
sol n'avait là aussi qu'une valeur restreinte.

Les seuls terrains qui eussent une grande valeur, puisqu'ils correspondaient, comme
aujourd'hui à la partie la plus centrale de la ville, appartenaient à l'Etat ; je veux parler
de toute la bande comprise entre la Sprée, près de la halte de Borse et Jannowitz
brücke. — Voir le plan.

Un canal, le « *Kœnigsgraben,* » délaissé par la navigation, occupait cette zône ; il a été
purement et simplement comblé.

Entre le premier et le troisième passage sur la Sprée les terrains ont été payés très-
cher ; mais sur ce parcours, la ligne n'a pas deux kilomètres.

Au-delà de Friedrichstrasse, il n'y avait, dans la direction suivie, que des terrains
vagues, sans intérêt, ne servant qu'à des dépôts de pommes ou de matériaux.

---

(1) Berlin est entouré d'un chemin de ceinture, ayant sensiblement la forme d'une ellipse. — La Stadtbahn en forme le grand axe.

(2) « Bei der Linienführung war auf Terrainschwierigkeit irgend welcher Art keinerlei Rücksicht zu
« nehmen, da Berlin, mit ausnahme einiger Vorstaedte in eine Ebene liegt. »

Tiedemann, Regierungs = und Baurath.

Enfin, le parc de Charlottenburg, qu'on ne songeait pas encore à bâtir, n'a pas dépassé un prix modeste.

Si l'on a sous les yeux un plan d'une époque antérieure aux premiers travaux de la Stadtbahn on est tout surpris de reconnaître que le tracé de la ligne correspond surtout à la partie de la ville qui était le plus délaissée et par suite on conçoit combien l'Administration a pu tirer un parti heureux de la situation aussi exceptionnelle.

Lorsque, comme on l'a vu, l'État prussien a pris en mains la construction de la Stadtbahn et en a défini les conditions d'exploitation, il n'a pas eu comme but principal de remplacer quelques tramways, suffisant très-bien au trafic local des quartiers moyennement intéressants, il a visé plus haut ; il a voulu relier complétement les lignes de l'Est avec toutes les directions de l'Ouest pour donner à une *mobilisation* éventuelle *l'assurance absolue du succès.*

De l'Est à l'Ouest, l'Allemagne dispose maintenant de *sept* directions principales, savoir :

1° Scheidemühl, Kœnigsberg, Stettin, $\dfrac{\text{Berlin,}}{\text{Nordring,}}$ Hannover, Neus, Bouss-Call, Courcelles.

2° Posen, Custrin, $\dfrac{\text{Berlin,}}{\text{Nordstadtbahn,}}$ Gütergluck, Kreiensen, Cassel, Wetzlar, Coblenz, Karthaus, Metz.

3° Posen, Francfort ²/₀, $\dfrac{\text{Berlin,}}{\text{Südstadtbahn,}}$ Magdeburg, Deutz, Coblenz, Bingerbrück, Sarrebrück, Remilly.

4° Breslau, Sagan, Francfurt ²/₀, $\dfrac{\text{Berlin,}}{\text{Südring,}}$ Halle, Erfürth, Francfurt ²/ₘ, Strassburg ou Metz.

5° Posen, Lizza, Cottbus, Torgau, Leipsig, Erfürth, Mannheim, Haguenau, Sarreguemines.

6° Breslau, Dresden, Nürnberg, Carlsruhe, Strassburg, Avricurt.

On voit, dans ces conditions, de quel énorme secours sont les Sudring et Nordring et les voies géminées de la Stadtbahn, et aussi combien, avant leur création, la situation était mauvaise.

Il n'existe pas, en effet, autour de Berlin, un chemin de fer de *Grande ceinture*, comparable à celui qui se dessine autour de Paris ; on peut toutefois utiliser, au besoin, un ensemble de voies transversales, qui constituent aujourd'hui une deuxième ceinture, pouvant rendre, à peu près les mêmes services, que les lignes qui, en France, passent par Rouen, Chartres, Orléans, Châlons-sur-Marne et Amiens. Ces chemins, qui s'écartent de

90 à 200 k. de Berlin et qui sont assez peu directs, dans le N-O, étaient en 1870 les seuls à raccorder les réseaux y aboutissant. La mobilisation de l'Est sur l'Ouest les a forcément empruntés, et le mouvement, bien qu'ayant réussi, n'a pas été sans éprouver de très-réelles difficultés.

Emu des obstacles d'une telle situation, le gouvernement prussien a fait exécuter la Ringbahn aussitôt après les évènements de 1870-71 ; elle s'est ouverte, par sections, à partir de 1872.

La Ringbahn est distante de 4 à 6 k. du centre de la ville. Au Nord elle dessert plusieurs faubourgs ; elle s'écarte de tous au Sud.

Au moment de la construction, Berlin, ville ouverte, était dans sa plus belle période d'accroissement. Comptant beaucoup sur l'avenir, on a dépassé dans le tracé la zône construite, de telle façon que la ligne dessert surtout une banlieue appelée sans doute à faire place bientôt à des faubourgs.

La Ringbahn présente une disposition très-remarquable : bien que suivant les mêmes parcours que nombre de lignes qu'elle rencontre sur son passage, elle a toujours son tronc propre, le *principe des troncs communs* ayant été *rejeté* d'une façon absolue ; par suite, le passage d'une ligne à l'autre a toujours lieu au moyen de débranchements avec niveaux rachetés et passages par-dessus ou par-dessous.

Toutes les lignes, issues de Berlin, y ont une gare distincte de petite vitesse ; ces lignes sont toutes raccordées à la Ringbahn, et entr'elles par conséquent.

Ce sont les suivantes :

1° Wittemberge, Hamburg.
2° Hannover, Düsseldorf.
3° Wetzlar, Metz.
4° Magdeburg, Deutz, Cœln.
5° Halle, Francfurt $^a/_m$
6° Riesa, Prague.
7° Sagan, Breslau.
8° Kœnigsberg.
9° Stettin.

exploitation à double voie,

10° Stralsund.
11° Cottbus, Zittau.
12° Zossen, Dresden.

à voie unique.

La Ringbahn est en remblai sur tout son parcours ; il résulte de la suppression des passages à niveau une simplification énorme du service de surveillance et une grande sécurité.

2.

A raison de cette situation toute exceptionnelle, elle présente une *défense* très réelle pour la ville.

On voit que la Prusse peut maintenant, avec la plus grande aisance, déplacer vers l'Ouest, c'est à dire vers la France ou la Hollande (?) les 4 1/2 corps d'armée de l'Est de Berlin et leur faire *traverser la Capitale* sans rompre charge et sans rebroussement « *aussi aisément* « *que s'il s'agissait de la plus petite station de l'Empire.* »

La Presse allemande a pu dire que l'ouverture de la *Stadtbahn* avançait *d'un jour la mobilisation.*

A ce sujet il n'est sans doute pas dénué d'intérêt de connaître le sentiment tudesque ; le voici dans toute son emphase :

« *La Gare métropolitaine, dans la Friedrichstrasse est maintenant un centre important de la* « *force de l'Allemagne et de la Prusse. Si l'on considère le faisceau des lignes qui s'en échappent,* « *on conçoit de combien de foudres Jupiter tonnant peut accabler et la droite et la gauche* (1). »

C'est d'abord à l'ennemi de droite, à la Russie que la Prusse a songé ; il est bien évident que c'est contre lui surtout que les forces ont augmenté ; car il est énorme de disposer de chemins directs pour transporter vers l'Est, qui n'a que 4 1/2 corps d'armée, les 14 corps qui se trouvent à l'ouest.

Après la Russie, l'Autriche a de fortes raisons de s'en préoccuper.

Nous enfin, avons à la considérer comme une *ligne de concentration* et de manœuvre, comme une arme terrible à ne pas perdre de vue un instant.

Il m'a semblé nécessaire, pour mieux définir la ligne, de faire intervenir les considérations d'ordre stratégique qui précèdent, parce que l'idée qui découle de l'étude générale c'est que les nécessités du trafic de Berlin étaient encore loin de réclamer un appareil d'exploitation aussi formidable.

Au point de vue *technique* la Stadtbahn est un *chef-d'œuvre.*

Au point de vue *financier* son établissement et son exploitation sont *un désastre.*

Nous étudierons successivement les deux questions.

---

(1) Der Centralbahnhof in der Friedrichstrasse ist jetzt ein gewaltiger Mittelpunkt der deutscher und preussischer Macht ; betrachtet man die Zickzacklinien, die von ihm ausgehen, so kann man vohl an den Donnerkeil in der hand Jupiters errinnert werden, der nach rechts und links seine Blitze sendet.

National Zeitung — 7 Février 82.

CHAPITRE II.

CONSTRUCTION.

La Voie : Banquettes. — Profils. — Courbes.

Nous avons vu que la construction de la Stadtbahn a porté entre points extrêmes sur 12 k. 145.

4,920ᵐ sont en courbe (dont 2,270 en pente et courbe) ;

Les rayons des courbes varient entre 200ᵐ et 500ᵐ ;

Les pentes varient de 0ᵐ002 à 0ᵐ008.

La voie est parallèle au sol, autant que possible.

Le minimum de hauteur libre admis pour les chemins par-dessous est de 4ᵐ40.

La différence de niveau, entre les points extrêmes est de 0ᵐ70 ; elle est entre le point le plus élevé et le plus bas de la ligne de 3ᵐ 60.

A partir de l'Est, abstraction faite du premier kilomètre, qui est en remblai avec murs de soutènement, la traversée de la cité s'effectue sur un viaduc jusqu'au parc de Charlottenburg ; au delà, c'est un remblai.

Le viaduc pour la traversée de la ville, a été prescrit par l'autorité supérieure, autant par amour de l'esthétique que pour faciliter les communications à l'intérieur de la cité et au Thiergarten.

Il ne semble pas qu'il ait été fixé de limite pour la distance entre les maisons et l'arête extérieure de la voie ; en général le viaduc court entre deux rues, ou entre des terrains non bâtis de largeur équivalente à une rue ; sur quelques points cependant, auprès de la halte de Borse notamment, la voie n'est distante des maisons que de 10 mètres environ.

Les machines, d'ailleurs, comportent des fumivores spéciaux et ne laissent pas échapper visiblement de fumée.

Viaducs. — Ponts. — Stations.

La plus grande partie de la Stadtbahn est en viaduc, exactement les $\frac{7,964}{12,145}$ soit les 2/3.

Ci-dessous le détail des différents modes de construction adoptés :

1. Viaducs voûtés, y compris gares et ponts de pierre . . . 7,964 m.
2. Viaduc et ponts à tabliers métalique 1,823
3. Remblais entre murs de revêtement compris Schlesischer, Bt 675
4. Remblai en terrassement simple, y compris la Gare de Charlottenburg. 1,683

Longueur totale de la ligne 12,145

Les 7,964 m. de viaduc voûté se répartissent à leur tours comme suit :

1. Sur murs directs . . . . 4,593 m.
2. Sur murs directs appuyés de talons et palissades. . . . 773
3. Avec palissade et lits de béton 1,406
4. Avec puits de sondage. 633
5. Avec pilotis 559

                    Total 7,964

Il a été adopté cinq types de voûte :

DÉSIGNATION DES ÉLÉMENTS	DIAMÈTRE DES VOUTES					OBSERVATIONS
	1	2	3	4	5	
	6 m 00	8 m 00	10 m 00	12 m 00	15 m 00	
Hauteur de la flèche........	1/4	1/6	1/4.5	1/4	1/3.5	L'arête du rail est à 5m30 du niveau du sol.
Epaisseur des reins........m.	0 38	0.51	0.51	0.64	0.77	

Le poids des maçonneries est de 1,800ᵏ le mètre cube.

Celui des terrassements de 1,600ᵏ.

La banquette de terrassement a une hauteur de 0ᵐ80.

Le ballast a une hauteur de 0ᵐ80.

La force de résistance des maçonneries de voûte, 9ᵏ9 par centimètre.

Celle des maçonneries des piles, 7ᵏ5 id.

Celle des matériaux de fondations, 4ᵏ5 id.

L'entablement du viaduc est de largeur sensiblement uniforme en voie courante ; d'une arête à l'autre, il mesure 15ᵐ50. Cette largeur est commandée par les distances de 4ᵐ et de 3ᵐ50 entre les axes des voies et de 2ᵐ25 entre la voie extérieure et l'arête, savoir :

De l'arête extérieure Sud à la voie extérieure Sud. 2ᵐ25

De l'axe de la voie extérieure sud à l'axe de la voie centrale Sud . . . 3ᵐ50

Entre les axes des voies centrales. 4ᵐ00

De l'axe de la voie centrale Nord à l'axe de la voie extérieure Nord . . 3ᵐ50

De l'axe de la voie extérieure Nord à l'arête extérieure Nord 2ᵐ25

Soit, d'arête en arête 15ᵐ50

Une fois les travaux engagés, cette distance de 15ᵐ50 a été reconnue trop faible ; mais on s'est arrêté devant la dépense qu'une modification aurait entraînée.

On a adopté, en dernier lieu, une largeur type de 16ᵐ. La différence en plus, 0ᵐ50, portait sur les distances extrêmes de 2ᵐ25, de façon à avoir 2ᵐ50 entre l'axe des voies extérieures et le garde fou : le but visé était de mettre les agents de l'entretien à l'abri des trains et notamment des portières, susceptibles de s'ouvrir en route.

A l'origine, les chambres, comprises entre les murs de front, avaient été remplies de sable ; une couche de ballast, disposée par dessus, recevait la voie ; mais l'infiltration des eaux entraînait le gravier, mouillait les murs de front et pénétrait les voûtes, les conduits d'écoulement s'obstruaient ; enfin, l'eau séjournant sur les couches imperméables, compromettait la stabilité de la voie. — Pour remédier à cet état de choses, on a dû, autant que possible, remplacer le sable par une couche de cailloux ou de pierre cassée jusqu'au niveau du rail, c'est-à-dire généraliser l'emploi du ballast (1).

Les **Ponts** ont fait l'objet de l'attention toute particulière de l'Administration qui a voulu en faire des *modèles pour l'Allemagne*, ainsi que le déclarent les commissaires des travaux publics, dans la revue du Ministère.

----

(1) Dans le Brandebourg, le ballast est très chargé d'humus et de marne et par conséquent d'un emploi médiocre.

Il y a six ponts sur eau dont trois sur la Sprée et trois sur canaux,

Deux sont en pierre, quatre en fer.

Ci après quelques données sur les deux, réputés les plus intéressants (1) :

1° Schiffbauerdammbrücke. — 2° passage sur la Sprée. — Pont de fer.

Il fait avec les bords de la rivière, parallèles entr'eux, un angle de 72°.

En dehors de ses arches secondaires sur rues ($15^m05 + 19^m00 = 34^m05$) qui ont été décomptées en dehors, il se compose pour la traversée de la Sprée d'une seule arche

de	49^m864
avec largeur maxima, entre porteurs, de	31^m —
et surface (sur la rivière), de	$1\ 593^m$ —
La superstructure, en fer pèse	890^t300
soit par mètre q., en projection horiz.	0^t572

Le prix de la construction en fer, y compris montage etc, est pour l'ensemble du

Pont	286 600 m. ou 358 250 fr.
soit pour un mètre carré en projection horiz.	184 m. ou 230 fr.

Le prix total, avec la maçonnerie, les piles et les dépendances, est

de	410 000 m. ou 512 000 fr.
et pour un mètre carré en projection horiz.	264 m. ou 340 fr.
Par mètre courant du pont	8 191 m. ou 10 238 fr.

2° Spreebrücke, Schlofsparke Bellevue. — 3° passage de la Sprée. — Pont de fer.

Il fait avec la direction du courant de la rivière un angle de 45° ; il est en alignement droit et en palier.

Il mesure sur son grand axe 138^m de longueur (y compris les ponts sur route qui en dépendent).

Les ouvertures sur la rivière mesurent :

$\left.\begin{array}{l}25^m90\\25\ 90\\25\ 90\end{array}\right\}$ 77^m70 — longueur sur l'axe — par dessus la Sprée.

Largeur maxima entre les porteurs	15^m82
Surface	$1\ 229^m00$

---

(1) Les ponts sont répartis, comme suit, dans l'ordre kilométrique de l'Est à l'Ouest.

   I. Pont de pierre entre le Schlofspark Monbijou et l'Ile du Musée, (1er passage de la Sprée).
   II. Pont de fer sur le Kupfergraben.
   III. Pont de fer, Schiffbauerdammbrücke, (2° passage de la Sprée).
   IV. Pont de fer sur le canal de Humboldt.
   V. Pont de fer, Schlofspark Bellevue, (3° passage de la Sprée).
   VI. Pont de pierre sur le Schiffahrtscanal.

Par dessus les voies de terre les tabliers sont en tôle pleine.

Par dessus la rivière il consiste en un clayonnage de tôle, (par raison d'économie), en forme de triangles équilatéraux de 2ᵐ80 de côté.

Le Pont comprend 4 fermes correspondant *à peu près* à l'axe des voies.

En effet, la distance entre les fermes est de 3ᵐ70,

tandis que celle entre les voies n'est que de. 3 50,

Différence . . . . 0ᵐ20.

Cette différence de 0ᵐ 20 se reporte 1 1/2 fois dans chaque sens, à compter de l'axe du Pont, de telle sorte que chaque voie extérieure a son axe déplacé par rapport à l'arête extrême de 0ᵐ30 en dedans.

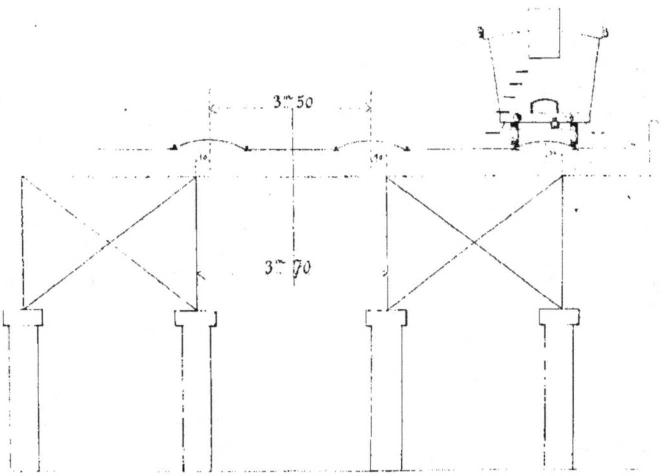

L'Administration a cru devoir prendre cette mesure particulière pour combattre la fatigue du tablier, causée sur les points extérieurs par le mouvement de lacet des trains et diminuer, autant que possible, le porte-à-faux (1).

---

(1) Le *Zeitschrift für Bauwesen* donne les détails très intéressants des opérations de montage des ponts et les coefficients de résistance des matériaux employés pour les maçonneries. On y trouve également des indications précises sur les installations adoptées pour obtenir l'imperméabilité des maçonneries de viaducs, pour étouffer le bruit des trains sur les tabliers métalliques ainsi que le détail des expériences qui s'y rattachent.

Enfin, les dispositions particulières de la voie sur les fermes métalliques des ponts sont énumérées avec le plus grand soin — Année 1884 — suite en 1885. — Ernst et Korn. — Berlin.

3.

La superstructure en fer pèse . . . . 384'191

soit par mètre q. en projection horiz.. . . . . 0 313

Par mètre courant de l'ouvrage. . . . . . . 1 650 m. ou 2 062 fr. 50

Le prix du pont entier, y compris la maçonnerie, les piles, etc., est pour le tout de . . . . 225 949 m. ou 282 436 fr. 25

et pour un mètre q. en projection horiz. . . 176 m. ou 220 fr.

Par mètre courant . . . . 2 786 m. ou 3 482 fr. 50

Je dispose des chiffres correspondants pour les autres ponts ; leur production ne me semblant pas en rapport avec le cadre modeste de ce travail, je les ai négligés.

La Plate-Forme.

Distribution des voies. — Un des promoteurs du chemin métropolitain, M. Hartwich, avait proposé de consacrer les voies centrales au trafic de grande ligne et les voies extérieures au trafic local, mais ce système fut repoussé parce qu'il exigeait un double personnel et ne donnait pas la facilité d'user des quais avec aisance et économie.

On adopta le système, décrit plus loin, qui consiste en *deux doubles voies parallèles,* desservies chacune par un quai central :

1° Service local.

2° Service grande ligne.

Ce système est certainement très avantageux pour l'exploitant.

En voie courante, *l'écartement* entre les axes des voies du milieu a été fixé à 4ᵐ sur les viaducs (1).

La distance entre les axes des voies extérieures et des voies centrales est uniformément de 3ᵐ 50.

Le défaut de terrains découverts, suffisants pour abriter les ouvriers de la voie, a amené le service de la Construction à établir une sorte de *fossé central,* entre les deux voies intermédiaires, dans lequel les ouvriers circulent librement et sans danger.

Sauf aux gares de triage de Schlesischer Bahnhof et de Charlottenburg, il n'y a pas de *voies d'évitement* pour le service local. (Au Zool. Garten, on a cependant établi des *voies* spéciales pour les manœuvres de formation).

Sur le groupe grande ligne, et dans toutes les gares, chaque voie principale possède un embranchement pouvant contenir 3 véhicules avec aiguille d'accès prise en talon par les

---

(1) A l'exception de l'île du Musée où il atteint 5ᵐ et du remblai de Charlottenburg où il est de 4ᵐ 50.

trains dans leur circulation normale. — A Friedrichstrasse, il y a un petit groupe de deux voies de marchandises, pouvant contenir trente wagons ; il est raccordé à la voie principale.

Les gares de triage de Charlottenburg et de Schlsischer Bf. ont une *plaine* pour les manœuvres (*Rangir bahnhof* ou gare de triage) disposée dans le même ordre que la nouvelle gare de Strasbourg (voir le dessin annexé à mon travail sur l'éclairage en Allemagne). Les dispositions en sont remarquables au point de vue des facilités d'évolution en tous sens.

Dans les gares et haltes, et suivant la disposition des lieux, *l'écartement des voies* d'un même groupe, varie de 6 à 12^m, tandis que la distance entre les axes des voies centrales demeure fixé à 4^m 50.

Dans les gares, les voyageurs auraient pu être tentés de passer d'un groupe à l'autre, en traversant les voies, souvent au péril de leur vie ; aussi a-t-on construit une balustrade en fer, qui règne d'une extrémité à l'autre et ne comporte que quelques portillons nécessaires à la circulation du personnel de service. Je ne saurais trop insister sur la sécurité donnée par ces appareils ; à Strasbourg plusieurs accidents s'étaient produits dans la nouvelle gare en 1882-83. L'adoption des balustrades intermédiaires a empêché depuis tout accident.

Dans les haltes, comme il n'y a qu'un service (local), le même danger ne s'est pas présenté et il n'y a pas eu lieu d'adopter ces balustrades pour sauvegarder le voyageur.

Des Stations.

On est frappé, il faut bien l'avouer, de la largesse d'interprétation de tous les besoins. L'impression d'admiration ne résiste pas toujours, il est vrai, à un examen critique soutenu parce que cet ensemble correspond rarement à la nécessité. Le but pratique n'est pas souvent atteint ; il est quelquefois dépassé.

A l'appui de mon dire, je citerai deux exemples :

Friedrichstrasse, le centre de Berlin, le pivot du système, a une gare superbe, mais déjà insuffisante, quoique deux années seulement nous séparent de l'époque de l'ouverture de l'exploitation ; il s'est déjà élevé d'ailleurs de nombreuses plaintes du public à ce sujet.

Alexanderplatz, au contraire, semble trop vaste ; les quais sont vides ; les bureaux inférieurs sont aux deux tiers sans emploi.

On pourrait, sans doute, faire la même réflexion sur *Schlesischer Bahnhof.*

Tandis que Friedrichstrasse prendra de plus en plus d'importance, bien des années passeront sur les deux autres avant que leur trafic soit en rapport avec les aménagements d'aujourd'hui.

Quoiqu'il en soit, dans tous ces bâtiments, le constructeur qui a pu être induit en erreur par des données seulement vraisemblables a cherché la proportion entre les aménagements et les besoins ; il s'est écarté du type uniformément suivi jusque là, et il a donné à chaque station des aménagements particuliers.

Les bâtiments de la Stadtbahn, aussi bien que les Ponts et Viaducs, sont présentés à l'admiration de l'Allemagne comme des modèles : c'est ce motif qui a déterminé la diversité que l'on remarque dans l'application d'un même principe de construction.

On peut classer en deux groupes les stations de la Stadtbahn :

— 1° **Gares.** — Elles comportent à la fois service de grande ligne et service local ; ce sont :

1. Schlesischer Bahnhof.
2. Alexanderplatz.
3. Friedrichstrasse.
4. Zooligischer Garten.
5. Charlottenburg.

— 2° **Haltes.** — Elles ne comportent que le service local.

1. Jannowitz brücke.
2. Boerse.
3. Lehrter bahnhof.
4. Thiergarten (Charlottenburg chaussée).
5. Bellevue.

De ce que la ligne a son parcours aérien, il résulte que les stations se composent de deux étages :

Un inférieur au niveau de la rue, contenant les locaux du service, les salles d'attente, la restauration, etc.

Un supérieur, au niveau de la voie, c'est le quai couvert.

La description des différents types est très laborieuse ; je ne puis mieux faire, pour fixer l'esprit sur leur ensemble que de renvoyer aux plans et coupes publiés par le Ministère des Travaux Publics de Prusse. (Ernst et Korn, 1884-1885).

L'exploitation de toutes ces gares est très aisée à raison même du développement des aménagements et de l'étude approfondie des détails, aussi ai-je cru intéressant de relever ci-après quelques points particuliers, qui présentent un réel intérêt à raison du parti qu'on en pourait tirer pour des constructions neuves.

Je les présenterai, en suivant l'ordre dans lequel ils se rencontrent naturellement :

Aménagements particuliers.

Salles d'attente et dépendances.

— *Guichets de recettes.* — La distribution intérieure des bureaux de recettes est analogue à la nôtre ; on verra plus loin que leur service a été beaucoup simplifié ; à l'extérieur, comme il ne devait pas y avoir d'agent de surveillance, les lieux ont été ordonnés de façon à obtenir, outre cette économie, une accélération dans le service.

Devant le guichet, et à une distance suffisante pour qu'un homme s'engage facilement, est une table circulaire de 0^m 80 de diamètre ; elle est fixée dans le sol. Perpendiculairement au guichet et à une distance d'environ 0^m 80 de la table, deux garde fous indiquent la voie à suivre ; des écriteaux apparents « entrée » et « sortie » confirment cette indication.

— Dans les salles des Pas-Perdus des grandes gares, il existe toujours un *Bureau de change* ; le service est assuré par un changeur de la ville, devenu concessionnaire.

Comme conséquence de l'admission de la Poste, du Télégraphe, d'un office de Change et par suite aussi des transactions que l'Administration engage avec les voyageurs, il a été mis à la disposition du public un *pupitre*, à hauteur d'homme (debout) avec encre et plume.

— *L'affichage* fait à Berlin l'objet de soins tout particuliers : on en aura une idée, quand on saura que les tableaux du service comportent, au droit du nom de la gare, dans la colonne des trains une *bande en lavis*, *bleue ou rouge*, qui règne sur toutes les heures de la journée de façon à mettre en évidence tous les passages de trains à la gare.

D'autre part, comme tous les voyageurs sont tentés de porter la main sur les indications qu'ils suivent et que l'affiche souffre par suite, surtout aux points correspondant aux heures de passage à la gare, on recouvre toute cette surface d'un petit rectangle de verre taillé en bizeau et vissé sur l'affiche dans des chevilles disposées à cet effet. Grâce à cette précaution, qui d'ailleurs est très commune en Allemagne, les affiches demeurent nettes du commencement à la fin du service de saison.

Dans un même ordre d'idées, les gares (même celles dont la construction offre un caractère de simplicité marquée), ne comportent aucune affiche, là où les murs sont décorés. Les affiches sont disposées sur une série d'*appareils spéciaux* qui affectent différentes formes, soit celle de rectangle allongé, soit celle de deux plans avec intersection à angle droit, soit celle enfin de cylindre ou tambour, analogue aux colonnes d'affichage des spectacles ; ces appareils, qui sont en fer et bois (décoration en bronze), ont l'avantage de garnir de grands espaces, toujours inoccupés, dans les salles des Pas-Perdus. Ils ne comportent bien entendu, que les affiches administratives.

La publicité commerciale n'existe d'ailleurs pas dans les gares de la Stadtbahn ; sans doute considère-t-on que l'intérêt qu'on retirerait d'une concession à un entrepreneur ne serait pas en rapport avec la dépréciation causée au caractère du monument ; c'est là évidemment une question d'appréciation pour les gares qui ont des embellissements particuliers.

Avec les seules affiches du service des trains dans les parties les moins en vue des gares, telles que les salles des bagages, les murs sont complétement recouverts. Je citerai par exemple Alexanderplatz qui est un type bien complet dans ce genre : on n'y compte sans doute pas moins de cinquante affiches diverses de service de trains ou de bateaux des lignes Allemandes, Danoises, Anglaises, Hollandaises, Belges, Suisses, Italiennes, Autrichiennes ou Russes ; seule la France parmi les puissances de l'Europe centrale, est exclue complétement.

— Comme dépendances des salles d'attente, nous ne pouvons nous dispenser de parler des *Restaurations* qui s'identifient avec elles en Allemagne et sur la Stadtbahn en particulier.

Elles sont divisées en deux groupes :

   I. — 1re et 2e cl.

   II. — 3e et 4e cl.

Les unes et les autres sont installées avec le plus grand luxe.

Nous n'avons pas d'équivalent ; un Métropolitain, à Paris, ne pourrait songer à administrer, sous forme de buffet, ce qui constitue l'apanage de toute une branche de petit commerce, sans s'écarter singulièrement du but proposé.

Les Restaurations de la Stadtbahn sont d'ailleurs peu fréquentées et n'offrent sans doute qu'une source de recettes assez faibles.

Pour nos gares de grande ligne, nous n'aurions pas non plus à prendre modèle sur les salles-buffets de la Stadtbahn, mais bien plutôt sur celles de certaines grandes gares du réseau allemand où la disposition des lieux s'est mieux prêtée aux installations de ce genre.

— A la suite des « Restaurations, » viennent les *cabinets de toilette* très luxueux, puis les *Water-Closets*, installés d'une façon absolument remarquable.

Il y a plusieurs services :

   1° Réservés (*taxé*).

   2° Non-réservés (*gratis*) Dames.

   3°   d°   —   Hommes.

Les plus en usage sont naturellement ceux non-réservés ; les murs de chaque box sont complétement garnis de plaques de faïence ; le siège est à l'anglaise, avec appareil, ce qui permet un entretien parfait :

— Les *urinoirs* ne sont pas moins luxueux ; les plaques de séparation sont en *marbre blanc*, celles de front sont en *marbre noir*, au lieu d'ardoise et de ponce émaillée. (1).

---

(1) Les W. C. de Strasbourg sont la reproduction exacte de ceux de la Stadtbahn.

Le nombre des cases est d'ailleurs très considérable et le diamètre très suffisant pour un allemand bien bâti.

Abstraction faite de la recherche, un peu déplacée sans doute, que l'on rencontre dans ces aménagements d'un ordre si spécial, il y a lieu de recommander l'emploi des appareils hygiéniques installés ; ils sortent des ateliers Jennings de Londres. Ce sont des cuvettes de fonte émaillée, logées dans le marbre à un mètre de hauteur ; elles sont soumises à la friction d'une nappe d'eau qui s'échappe des parois internes ; il est bien évident que l'entretien et le débit de l'eau sont beaucoup moindres, dans l'espèce, qu'avec les grandes surfaces mouillées, généralement usitées en France.

— En quittant la salle des Pas-Perdus, et toujours à l'étage inférieur, on trouve les *salles d'expédition de bagages*, échelonnées dans le couloir central ; elles sont disposées comme les nôtres, mais avec excès de surface, (Alexanderplatz : $50^m \times 20^m = 1000^m$.)

Le colis est remis par le voyageur sur la banquette, ensuite posé sur la bascule (avec aiguille indicatrice du poids), puis manutentionné sur un petit chariot, etc. — Jusque là l'exploitation allemande est restée en arrière de la nôtre ; puisqu'elle n'a pas employé le *tricycle taré* qui dispense de tant de manutentions et dont sont pourvues depuis longtemps les gares de Paris-P.-L.-M., Paris-P.-O., Paris-Nord, Versailles-Chantiers, etc., mais elle trouve sa supériorité avec son « *monte charge hydraulique.* »

Un *plateau* reçoit, au niveau du sol, le *chariot* qui s'inscrit très facilement dans les deux *guide-roues* en fer. On manœuvre ensuite un *levier* et ce plateau, montant par degrés, amène en 10 à 12 secondes, au niveau du quai, le facteur et le chariot. Il n'y a plus que quelques mètres à parcourir sur le quai pour atteindre le fourgon en chargement.

Le plus curieux du mécanisme se trouve à la partie supérieure de l'ascenseur : les deux plaques de tôle, qui ferment la cage, sur le quai, sont doucement soulevées par l'arc de fer, qui surmonte le porte-chariot — Le bastingage se démonte de lui même et une fois le plateau au niveau du quai laisse le facteur libre, en avant et en arrière.

Lorsque le facteur, seul ou avec chariot, veut redescendre, il donne un coup de timbre électrique et un plateau vient le prendre. — La position normale des plateaux étant à l'étage inférieur.

Il y a pour chaque groupe : — expéditions - arrivages, — un *jeu de deux ascenseurs*, indépendants l'un de l'autre ; il ne s'agit, bien entendu, que du service de grande ligne.

— Les deux groupes, service local et service grande ligne sont, dans les gares, reliés au moyen de *couloirs souterrains* du modèle adopté déjà pour le Métropolitain de Londres ; les parois sont garnies de plaques de faïence blanche, qui réfléchissent la lumière avec avantage.

Le passage par dessous est le corollaire de l'installation des *balustrades d'entrevoie ;* ce système nous semble préférable à celui des passages par dessus, à raison de ce que le public s'y attardant moins, il présente plus de sécurité.

— *Le quai*. — A chacune des extrémités du quai, se trouve l'ouverture du couloir *entrée*, *sortie*, couvert d'une cage vitrée, dont l'accès est en regard du centre de la gare. C'est derrière ces cages qu'est situé le jeu d'ascenseurs géminés.

Au centre du quai, le kiosque qui reçoit l'*assistant* ou chef de service, et le facteur, *préposé à la fois au télégraphe et aux signaux*.

Dans les espaces libres sont des bancs doubles, disposés suivant l'axe du quai et des sémaphores-indicateurs de direction : le détail de ces ingénieux appareils se trouve au chap. Exploitation commerciale (Commentaire du règlement particulier de la Stadtbahn locale).

Dans la gare de triage de Schlesischer Bahnhof, il existe *des postes d'aiguilleurs surélevés* perpendiculaires au quai en son milieu et à cheval sur la voie extérieure ; il y a eu là nécessité de former un service spécial.

— Enfin sur le quai des grandes gares, le public trouve à sa disposition des *petites fontaines en marbre* ; un gobelet est fixé par une chainette auprès du robinet. La mesure prise est évidemment excellente ; il serait bon de voir l'installation de ces fontaines se généraliser à toutes les grandes gares.

— Au nombre des installations les mieux comprises des gares de la Stadtbahn, il faut sans doute porter celle de *l'éclairage*. Là, comme ailleurs, il y a profusion, mais une profusion très étudiée et qui donne de très beaux résultats.

Les *halls* des gares sont énormes ; je n'en citerai qu'une à titre d'exemple : *Alexanderplatz*.

Les dimensions sont les suivantes :

$$longueur \quad 167^m00,$$
$$largeur \quad 37\ 50,$$
$$hauteur \quad 20\ 00,$$

Le gaz n'aurait donné que des résultats insuffisants, en laissant dans l'ombre les parties élevées ; la construction aurait ainsi perdu beaucoup de sa majesté.

La *lumière électrique*, puisque la question de dépense n'était qu'au second plan, réunissait au contraire tous les avantages ; elle ajoutait même au caractère du bâtiment ; aussi fut-elle adoptée dès avant la construction.

Des *lampes différentielles Siemens* sont alignées à une hauteur uniforme de 6^m dans l'axe de chaque quai. Il y a de 10 à 16 globes par gare, la lumière en est très belle et très vive, malheureusement un peu scintillante.

Les circuits sont disposés de façon à donner à volonté, l'éclairage total — ou partiel avec réduction — soit du 1/3 — soit de la 1/2 — portant sur l'un ou l'autre quai. (1)

---

(1) Mon étude spéciale sur la lumière électrique à Berlin et Strasbourg développant cette même question, je n'ai pas à y insister.

L'éclairage des parties inférieures des stations est fait au gaz avec le plus grand soin. On a employé pour le *gaz* des globes de verre dépoli, sensiblement du même volume que ceux des lampes à arc. Les becs intensifs que l'on a mis en service donnent une très grande lumière.

A Berlin, on fait dans les gares et sur les voies publiques l'expérience de toutes espèces d'appareils à gaz; les plus remarquables sont les brûleurs Siemens, à gaz surchauffé et à récupérateur, qui donnent une très forte lumière. Je ne puis m'abstenir de noter ici que l'on a limité singulièrement la déperdition de lumière, surtout en plein air, par l'adoption de verres blancs opaques pour couvrir les reverbères, de façon que les rayons émis vers la partie supérieure sont réfléchis sans déperdition sensible. Cette méthode est d'ailleurs suivie depuis peu par la Compagnie du Gaz, à Paris, qui n'en tire que de bons résultats.

Telles sont les installations particulières qu'il m'a semblé nécessaire de signaler. Il en est d'autres d'un caractère plus technique que j'ai indiquées au chapitre du matériel fixe. — Voir plus loin.

Pour terminer l'étude sommaire du bâtiment, je donne ci-après une analyse des matériaux de construction les plus spécialement employés : ce sont les suivants :

— La *brique jaune* de pays (1) et la *brique vernissée de Hollande*, rouge-foncé ou noire, reliées au moyen de mortier à base de chaux hydraulique. (2)

Suivant l'expression même du compte rendu officiel, le jeu des deux espèces de briques anime la construction.

Tout le gros œuvre des gares et des viaducs est en briques.

— La *pierre de taille*, généralement assez laide; elle est employée pour les seuils, les escaliers, les voûtes, la base des murs et les façades des gares.

— *Le granit ;* il sert d'ornement autant que de pierre de résistance pour les parties de maçonnerie en vue, notamment dans les étages inférieurs des gares et pour les bordures des trottoirs.

— Le *ciment* en application (stuc,) et les plaques de terre réfractaire. On en a tiré un grand parti pour la décoration des gares et haltes.

— Le *carrelage en terre réfractaire* (avec rainures pour l'écoulement des eaux,) employé sur les quais découverts comme trottoirs, donne les meilleurs résultats.

---

(1) Le Zeitschrift für Bauwesen donne une étude très curieuse sur la résistance des briques employées dans son no 4-6 de 1884.

(2) Dans la pratique, le mortier a reçu une addition de 10 à 20 0/0 de ciment.

4.

— *Les vitraux de couleurs.* — Les grandes ouvertures, pratiquées latéralement dans les murs des gares et haltes ont reçu des vitraux décorés de dessins géométriques ; la couleur dominante est le bleu.

L'avantage de la disposition prise est de donner par côté un jour modéré aux gares, alors que la plupart du temps les murs enlèvent toute la lumière. C'est là peut être un défaut de nos anciennes gares françaises que les allemands évitent maintenant comme nous dans leurs nouvelles constructions.

— *Le fer,* sous toutes les formes. — La plus grande partie des ponts sont en tôle ; il est facile de voir le beau parti qui en a été tiré à l'inspection des publications du Ministère des Travaux Publics Allemand, travail dont j'ai déjà parlé (1884-1885).

En dehors de la tôle ordinaire, la *tôle ondulée* ou *wellblech* est entrée dans la construction pour une très forte proportion ; je citerai notamment les couvertures de toutes les gares et haltes dont le développement est si considérable et la garniture des entretoises des ponts et viaducs métalliques.

Les avantages et les inconvénients de ce produit sont bien connus en France : le grand intérêt qu'il présente est l'abaissement de son prix de revient, (déjà très faible en Allemagne) par l'adoption de nouveaux procédés de fabrication.

J'ai eu l'occasion de visiter les ateliers de M. Bernhard, le plus grand fabricant de wellblech de Berlin et celui qui a eu la majeure partie de la fourniture de la Stadtbahn.

Je me suis rendu compte là du grand parti que l'industrie tire du produit. Non seulement on l'emploie pour les rideaux de théâtre, pour les blindages des forts, des ateliers volants, mais encore et tout spécialement pour des *wagons à Marchandises*, des *cabines d'aiguilleurs*, *des portes de dépôts* etc.

Si j'insiste particulièrement sur ce point ; c'est à raison du développement que l'emploi de wellblech, a pris chez nos voisins pour tous les aménagements privés et de l'Etat, civils et militaires. (1)

— Je signalerai enfin un curieux et économique emploi de la fonte de fer : sur plusieurs viaducs les balustres sont coulés de telle façon qu'ils ne sont constitués que d'éléments hémi-cylindriques. Ils ne représentent ainsi qu'une moitié de balustre ordinaire, — la partie creuse est bien entendu, tournée vers la voie.

---

1) Les gares les plus nouvelles — Hanovre et Strasbourg — sont couvertes entièrement de wellblech.

Matériel fixe.

— *Pose de la Voie.* — Sur la Stadtbahn, la voie est supportée par des *longrines en tôle* cintrées du type allemand ordinaire ou par des plaques de fonte (de 6ᵐ 00 × 0ᵐ 30 × 0ᵐ 025).

Les rails sont reliés par des *tringles d'écartement* distantes de 0ᵐ 75 à 1ᵐ 00, les uns des autres dans les courbes ; ils sont liés aux longrines par des boulons, éloignés les uns des autres dans la même proportion que le sont nos tirefonds sur les traverses.

Le *rail* est en *acier*, du type vignole, de 5ᵐ de long et un peu plus pesant que celui des voies ordinaires.

Les devers sont observés partout, même dans la traversée des gares.

Sur la Ringbahn, le rail est du type vignole ordinaire, de 8ᵐ ; il repose sur des traverses en bois.

— Il n'existe pas, sauf de très rares exceptions, de plaques tournantes sur la Stadt et Ringbahn, les manœuvres s'effectuent par les aiguilles et à l'aide des machines.

— A Postdamer bahnhof, dans le groupe réservé au service de la Ringbahn, il a été établi un « *chariot hydraulique* » pour le changement de voie des machines ou wagons.

Ce chariot prend successivement de gauche à droite et inversement les trois positions : correspondant aux troies voies du groupe, par suite de la manœuvre d'un levier anglais ; une cocarde rouge placée sur l'axe et à l'extrémité de chaque voie interdit toute manœuvre de la gare vers les tampons, tant que le chariot n'est pas en regard de la voie correspondante ; il s'abat automatiquement dès que le chariot s'encoche devant la voie qu'elle défend.

Je n'ai pas à insister sur les avantages de ce système qui permet de ne dépenser que la force hydraulique nécessaire à chaque manœuvre, au lieu de tenir à disposition plusieurs agents pendant des journées entières. La manœuvre enfin est beaucoup plus sûre avec les enclanchements du tablier mobile qu'avec le jeu long et laborieux des plaques tournantes.

— Les *aiguilles* en service sont du système allemand ordinaire ; même sur les voies principales, elle n'ont qu'une tringle de connexion sur laquelle s'exerce l'action du levier.

Les aiguilles sont toutes munies de *signaux-indicateurs de direction* ; cet appareil est placé sur le levier à 1ᵐ 60 de hauteur pour les *aiguilles isolées* ; pour les *aiguilles manœuvrées à distance*, il n'est qu'à 0ᵐ 30 du sol, éclairant ainsi tout le mécanisme dans chacune de ses positions.

Le signe indicateur en question consiste en une lanterne de la forme et des dimensions d'un sac de troupe, présentant aux yeux des feux blancs de différentes formes.

Ces appareils sont généralisés maintenant en Allemagne ; toute la gare de Strasbourg en est pourvue.

Les différents services d'exploitation se félicitent de leur adoption.

— La *Stadtbahn est cantonnée*. — Les *signaux* employés sont du système Siemens (signaux électriques).

— Sur la Ringbahn on trouve à tous les points de jonction des *gabarits de chargement* à diamètre et hauteur variables ; il y a un jeu des plus curieux pour donner 3 et 4 dimensions différentes.

Ce système se répand d'ailleurs aujourd'hui dans toute l'Europe.

CHAPITRE III.

EXPLOITATION TECHNIQUE. (Mouvement)

Régime local. — Régime des Grandes lignes.
Marche des Trains. — Vitesse. — Mouvement.

Régime local. — Régime des Grandes Lignes.

Ainsi la RINGBAHN ou chemin de ceinture est traversée suivant son diamètre maximum (Est à Ouest) par un tronc de deux doubles voies, la STADTBAHN ou chemin de fer métropolitain.

Ces deux doubles voies correspondent à deux régimes de trafic bien distincts :

1° — *Stadtbahn* septentrionale et jonctions avec la *Ringbahn* : Service local et de ceinture (1).

2° — *Stadtbahn* méridionale, jonctions avec certaines sections de *Banlieue* et avec les plus importantes *des grandes lignes* : Services de banlieue, de grandes lignes et international.

Nous nous occuperons successivement de ces deux systèmes d'exploitation que nous avons vus dès le principe appelés à avoir parallèlement une vie bien distincte.

— *Stadtbahn local.* — Suivant l'importance des services de l'Exploitation (formation, triage, allumage, etc.), et l'existence de relations avec le service parallèle de grandes lignes, les différentes stations de la Stadtbahn locale ont été divisés en :

GARES. — Points de formation de trains et lieux d'échange avec la grande ligne.
HALTES. — Service local simple.

Les Gares au nombre de cinq (voir le tableau ci-après), comportent donc les deux services ; les voyageurs du local, à destination de la grande ligne ou la Banlieue, sortent avec les autres et trouvent, sous la gare, les services qui leur sont nécessaires pour continuer leur voyage. (Recettes de billets, Bagages, Messageries, Change de monnaie, Renseignements, Poste et Télégraphe)

Les Haltes au nombre de quatre (voir le tableau ci-après), font le simple service des voyageurs de ou pour la ville et la ceinture.

---

(1) Il y a lieu de remarquer qu'en dehors de la Stadtbahn locale, la Ring-bahn projette à l'intérieur de la ville un tronçon de ligne aboutissant à Postdamer Bahnhof, parallèlement aux voies de la grande ligne de Magdebourg ; c'est une relation très importante pour le quartier de Postdamer Strasse, un des plus animés de Berlin.
Une autre pénétration dans la ville avait lieu en 1882 par les voies aboutissant à Anhalter Bahnhof ; elle faisait double emploi avec celle de Postdamer-Bahnhof ; elle a été supprimée.

Stadtbahn (E. à O.) GARES ET HALTES	DISTANCE de l'origine	DISTANCE entre les stations	DISTANCE entre les gares
1. Schlesischer Bahnhof (gare de triage)...	0.0		
		1.2	
2. Jannowitz brücke (halte).....	1.2		2.2
		1.0	
3. Alexanderplatz (gare)...............	2.2		
		0.7	
4. Boerse (halte).........	2.9		1.8
		1.1	
5. Friedrichstrasse (gare)	4.0		
		1.4	
6. Lehrter Bahnhof (halte).............	5.4		
		1.7	5.0
7. Bellevue (halte)	7.1		
8. Charlottenburg Chaussée (halte)......			n'est pas encore ouverte
9. Zoologischer Garten (gare)	9.0		
		2.3	2.3
10. Charlottenburg (gare de triage)........	11.3		
		2.9	
11. Westend (triage local)..............(1).	14.2		

A raison de la communauté d'exploitation avec la Stadtbahn, la Ringbahn est divisée elle-même en deux sections savoir :

Nordring — au Nord de la Stadtbahn.
Südring — au Sud de la Stadtbahn.

Elles comprennent les stations énumérées au tableau ci-après :

On ne saurait les distinguer en gares et haltes comme sur la Stadtbahn, par ce fait même qu'elles assurent toutes indistinctement le service de tous les trains de Ringbahn ; l'importance de ces stations est assez variable ; les installations sont très-modestes la plupart du temps ; on voit que l'Administration a visé à l'économie ; le trafic est d'ailleurs très-faible au point de vue des voyageurs. — Nous ne reviendrons pas sur ce sujet.

(1) La Stadtbahn est, comme construction, limitée à Schlesischer Bahnhof et à Charlottenburg, mais comme Exploitation, elle s'étend jusqu'à Westend, dans certains cas.

Nordring (O. à E.)	DISTANCE de l'origine	DISTANCE entre les stations
— Westend	0.0	
		4.6
1. Moabit	4.6	
		2.6
2. Wedding	7.2	
		1.8
3. Gesundbrunnen	9.0	
		1.6
4. Schoenhauser Allee	10.6	
		1.7
5. Weissensee	12.3	
		2.6
6. Central Viehhof	14.9	
		1.4
7. Friedrichsberg	16.3	
		1.5
8. Stralau-Rummelsburg	17.8	
		1.1
9. Warschauer strasse (à ouvrir)	18.9	
		1.2
— Schlesischer Bahnhof	20.1	

Südring (O. à E.)	DISTANCE de l'origine	DISTANCE entre les stations
— Charlottenburg	0.0	
		1.8
1. Halensee	1.8	
		2.2
2. Schmargendorf	4.0	
		1.7
3. Wilmersdorf-Fridenau	5.7	
		2.2
4. Schoeneberg	7.9	
		2.5
5. Postdamer bahnhof	10.4	
		2.5
» Schoeneberg	7.9	
		3.1
6. Tempelhof	11.0	
		4.3
7. Rixdorf	15.3	
		3.3
8. Treptow	18.6	
		1.3
— Stralau Rummelsburg	19.9	
		1.1
— Warschauer strasse	21.0	
		1.2
— Schlesischer Bahnhof	22.2	

Pour permettre de suivre le décompte des stations et le raccordement des lignes, un plan indiquant distinctement les embranchements du service local et ceux de banlieue et grande ligne est annexé en tête de cette étude.

Comme les indications des jonctions des différentes lignes entre elles y apparaissent très clairement, je crois inutile d'insister à leur sujet.

Service des Trains.

Le jeu des trains de la Stadtringbahn est organisé de telle sorte que, pour un nombre donné de parcours effectués sur la Ringbahn, la Stadtbahn est desservie dans une proportion plus forte, déterminée.

Les trains émis à l'une des gares de triage de Westend, Charlottenburg et Schlesischer Bahnhof, traversent la ville par la Stadtbahn et s'arrêtent, ou bien prennent la ceinture (Ringbahn) par le Nord pour traverser encore la Stadtbahn.

Suivant le cas, ils prennent les dénominations de :

1 Stadtzüge (1) — train métropolitain.

2 Stadtnordringzüge — train métropolitain avec prolongement sur ceinture Nord.

3 Stadtsüdringzüge — train métropolitain avec prolongement sur ceinture Sud.

On peut exprimer la circulation des trains ainsi divisés comme suit :

Marche des Trains. — Vitesse. — Roulements.

Service de la Stadtbahn (local)

(Métropolitain proprement dit.)

Au départ de Schlesischer Bahnhof, de 5 h. 45 du matin, à 11 h. 15 du soir.
Toutes *les* 10 *minutes*, jusqu'à « Zoologischer Garten . »

De 5 h. 35 du matin, à 11 h. 35 du soir.
Toutes *les* 20 *minutes*, jusqu'à « Charlottenburg »

De 5 h. 57 du matin, à 11 h. 27 du soir.
Toutes *les* 20 *minutes*, jusqu'à « Westend. »

---

(1) Züg signifie train.

Au départ de « Charlottenburg . »
De 5 h. 27 du matin, à 10 h. 47 soir.

Toutes les 20 minutes.
Au départ de « West End. »

De 5 h. 40 du matin, à 10 h. 40 soir.
Toutes les 20 minutes.

Au départ de « Zoologischer Garten » de 3 h. 32 du matin à 11 h. 2 soir.
Toutes les 20 minutes.

Jusqu'à Schlesischer Bahnhof.

Pour définir le service commun avec les Süd et Nordring, Schlesischer Bahnhof, Charlottenburg et West End étant des points de passage, autant que de formation, nous prendrons pour point de comparaison la gare centrale **Friedrichstrasse**. La révolution dans les services combinés est ainsi définie :

Service du Stadtnordring

(Métropolitain et ceinture Nord)

Les trains gagnant la *Nordring par l'Est*, via Stralau Rummelsburg,
passent à *Friedrichstrasse* toutes les heures 44', entre 5 h. 44 matin et 9 h. 44 soir.

Ceux gagnant la *Nordring par l'Ouest*, via Charlottenburg,
passent à *Friedrichstrasse* toutes les heures 27', entre 7 h. 27 metin et 9 h. 27 soir.

Service Stadtsüdring

(Métropolitain et ceinture Sud)

Les trains gagnant le *Südring par l'Est*, via Stralau Rummelsburg,
passent à *Friedrichstrasse* toutes les heures 24', entre 7 h. 24 matin et 9 h. 24 soir.

Ceux gagnant la *Südring par l'Ouest*, via Charlottenburg,
passent à *Friedrichstrasse* toutes les heures 57', entre 5 h. 57 matin et 9 h. 57 soir.

Le tableau ci-après donne pour un sens (montant ou descendant) l'analyse du mouvement des unités de trains, au moyen de l'indication des gares de départ :

De Schlesischer Bahnhof	Zoolog. Garten	Charlott. (local)	Nord Ring	Süd Ring	West End (local)	Total
Zool. gart.	2					2
Charlott. local. . . .		1				1
Nordring			1			1
Südring				1		1
West End (local). . .					1	1
Total	2	1	1	1	1	6

Le graphique ci-dessous figure, pour la même période d'une heure, le jeu des trains entre les deux points extrêmes de la Stadtbahn ; j'ai indiqué au moyen de traits ponctués les liens qui existent comme arrivée et départ à leurs terminus.

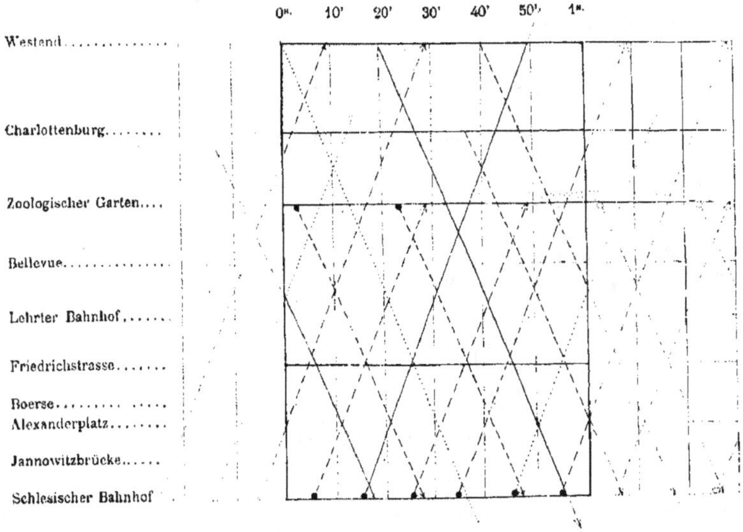

Légende :

Trains de Nordring	———————
— Stadtbahn	— . — . — . — . —
— Südring	. . . .

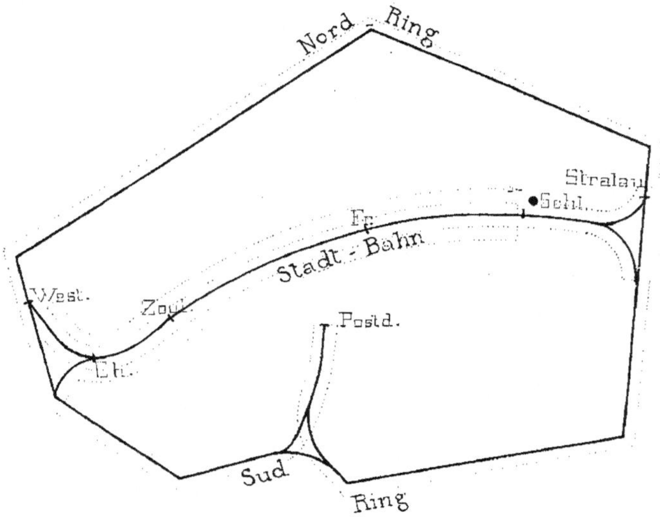

5e Roulement.	Partiel	Total
Nord - Ring		
Jusqu'à Westend	20ʰ	1
Stadt - Bahn		
Jusqu'à Schlesischer	14	2
Sud - Ring		
Jusqu'à Charlottenburg par Postdam	2··	2
Stadt Bahn		
Jusqu'à Schlesischer	11	3
Stadt - Bahn		
Jusqu'à Westend	14	2
Stadt - Bahn		
Jusqu'à Schöneberg	14	2

Total : 101ᵏ2

Moyenne

	K
1	68,2
2	72,8
3	90,8
4	95,8
5	101,2

$$\frac{128,4}{5} = 80,68$$

Nota.— Les machines ayant fait un train de retour
à Potsdam 13 jusqu'à l'arrivée du train
suivant. Le train qu'elles ont fait est repris
par la machine ayant remorqué le train précédent.

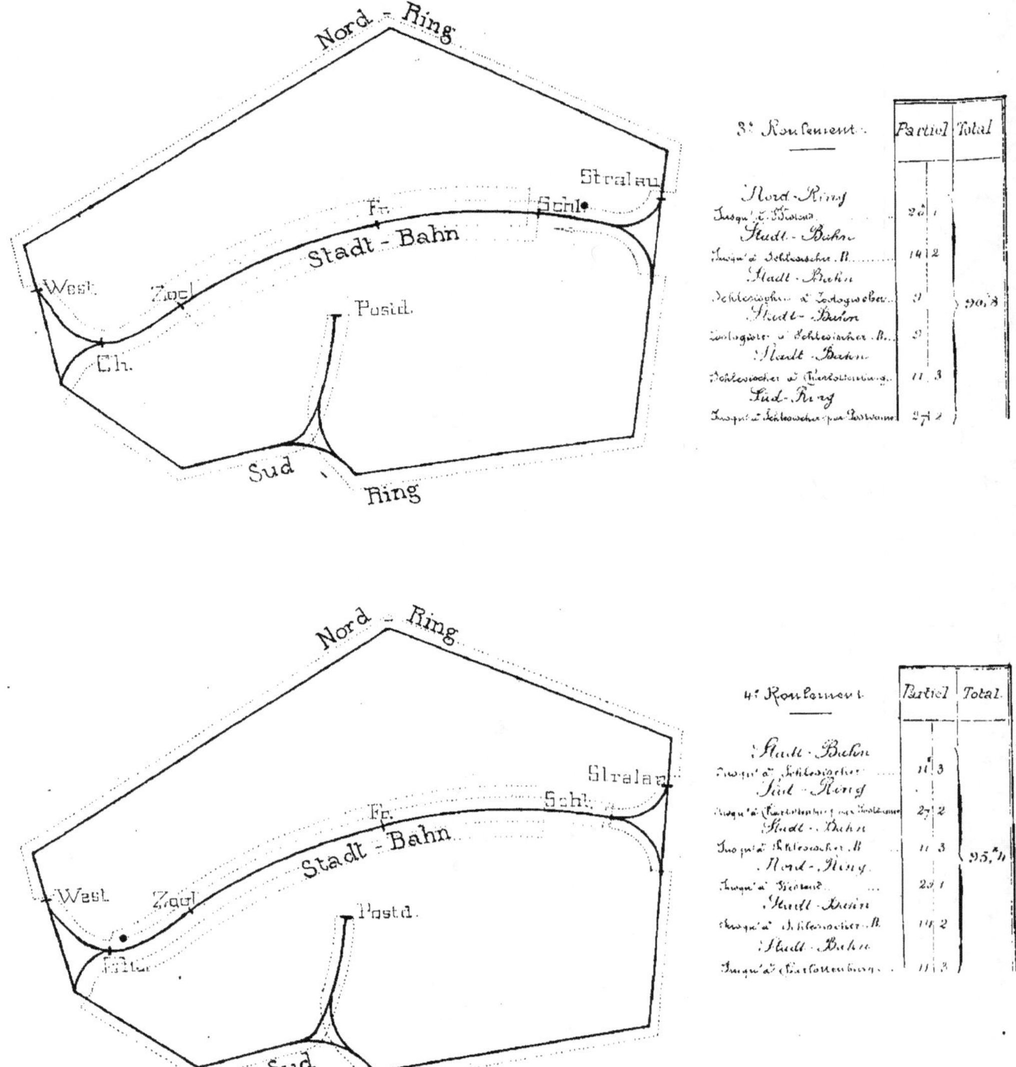

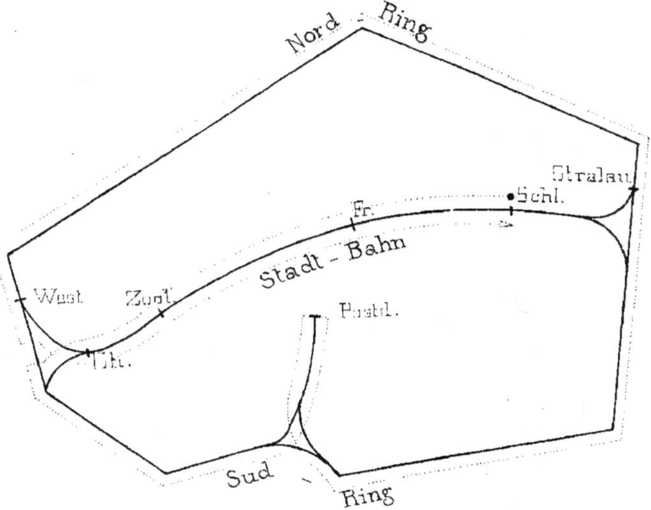

Nord - Ring
Stralau
Schl.
Fr.
Stadt - Bahn
West.
Zool
Stadt - Bahn
Postd.
Th.
Sud - Ring
1er Roulement
Partiel
Total
Stadt - Bahn
Sud - Ring
Nord - Ring
Stadt - Bahn

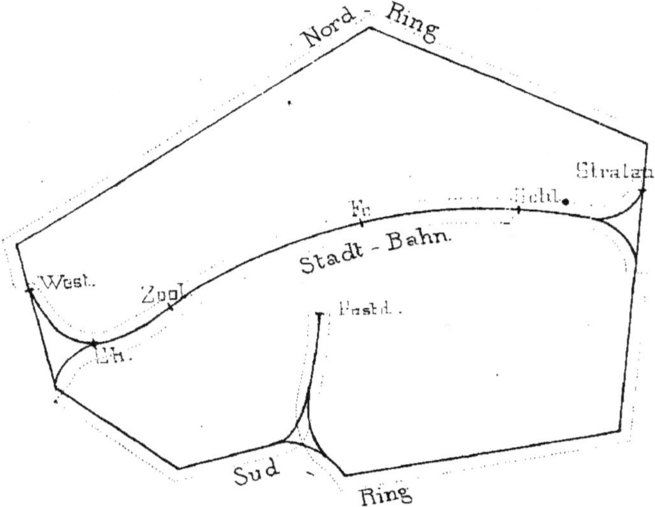

Nord - Ring
Stralau
Schl.
Fr.
Stadt - Bahn.
West.
Zool
Stadt - Bahn.
Postd.
Th.
Sud - Ring
2e Roulement.
Partiel
Nord - Ring
Stadt - Bahn
Sud - Ring
Stadt - Bahn

La succession de ce service, de 5 h. du matin à 11 h. du soir, constitue à peu près le service complet ; à la première heure et à la dernière heure du jour, il existe seulement quelques différences dans la symétrie du graphique.

J'ai dû, pour plus de clarté, construire les marches d'après notre méthode ; car les ordonnées, usitées en Allemagne, sont pour la plupart inverses des nôtres.

Les trains sont numérotés comme suit :

Stadtnordring	701- 800.
Stadtsüdring	801- 900.
Stadt	1000-1301.

Le service actuel comporte 220 réguliers.

      et   42 facultatifs.

au Total   262 trains.

Le nombre maximum de 262 *trains* n'est effectif que pour le *service local* pour les gares comprises *Schlesischer Bahnhof et Zoologischer Garten*, limites de la plus forte circulation ; si à ces 262 trains on ajoute les 96 de grande ligne qui, comme nous allons le voir, circulent également entre ces deux points, nous obtenons le chiffre de la circulation maxima, $(262 + 96 =)$ 358 *trains*.

La Stadtbahn (local) qui ne comporte, d'ailleurs, aucune voie de garage ni d'évitement, n'est parcourue par aucun train de petite vitesse, de denrées ou messageries.

Par contre, sur toutes les sections de la Ringbahn, il circule des trains réguliers et facultatifs de marchandises, de raccordement entre les différents réseaux aboutissant à Berlin, dans la même proportion que sur notre grande ceinture. Ils donnent lieu à quelques remarques en dehors du cadre de ce travail ; je ne puis à leur sujet, qu'engager à consulter le tableau graphique.

Les 262 trains, dont nous venons d'indiquer l'existence, ont été groupés méthodiquement par séries bien définies, l'économie du système adopté ressort des cinq roulements-types, définis par les monogrammes ci-contre :

Tous les trains locaux sont omnibus.

Leur vitesse est limitée à 45 *kilomètres* à l'heure.

Ils ne marquent dans les gares et haltes, qu'un battement de 10 *à* 20 secondes, sauf sur la Ringbahn et aux points comme Schlesischer Bahnhof, West End, etc, où le service des correspondances ou de l'Exploitation (allumage, visite, addition de voitures), nécessite normalement un arrêt de 1, 2, 3 ou 4 minutes. Cet arrêt est alors inscrit au tableau de marche ; à Friedrichstrasse, la gare la plus chargée comme voyageurs, il est rare que l'arrêt dépasse 15 secondes.

— *La Stadtbahn* (local) est parcourue (de Schlesischer Bahnhof à West End (14 kil. 2), en 27 minutes.

— *Le Nordring* (de West End à Schlesischer Bahnhof (20 kil. 2), en 54 minutes.

— *La Südring* (de Charlottenburg à Schlesischer Bahnhof, y compris le raccordement de Schoeneberg à Postdamer Bahnhof (de 2 kil. 5), parcouru 2 fois, (27 kil. 2), en 1 heure 2 minutes.

La soudure de ces parcours partiels demande donc, pour 61 *kil.* 6, 143 minutes ou 2 *heures* 23'.

Matériel roulant. (Voitures)

Les trains ne comprennent que des voitures (*sans impériales*).

Il n'existe pas de fourgons ; la garantie de choc n'est assurée que par un compartiment réservé.

Les voitures sont de deux classes.

2ᵉ classe — *invariablement*, 4 compartiments à 8 places = 32 places.

3ᵉ classe — *invariablement*, 5 compartiments à 10 places = 50 places.

La composition des trains est fixée comme suit :

3ᵉ *classe*, — Minimum 3 voitures : Un compartiment à l'avant sert de *caisse de choc* « Schutzcoupé ». — un à l'arrière fait le même office et reçoit le chef de train.

Il ne reste ainsi que 130 places. Sauf aux heures d'ouverture (6 à 8 h. du matin) et de fermeture (6 à 8 h. du soir) des ateliers, la place occupée dépasse à peine le 1/3 de la place offerte. — Aux heures précitées (6 à 8 h. du matin et du soir) les trains sont forcés de 2 voitures de 3ᵉ classe. Les jours de fêtes et Dimanches, la composition peut atteindre 7 voitures de 3ᵉ classe, *chiffre maximum*. Ces compositions maximum n'offrent ainsi que 362 places, tandis que nous offrons sur la banlieue jusqu'à 1200 places par train.

2ᵉ *classe*. — Un train ne contient jamais ni plus ni moins de 40 places de 2ᵉ classe, soit une voiture de 4 compartiments, qui est toujours située dans le milieu du train. La place n'est occupée que dans la proportion de 1/10, en moyenne, il arrive assez souvent dans l'après-midi de *n'y voir personne*.

Ainsi les trains offrent, déduction faite des *Schutzcoupé* :

Au minimum 150 — 20 = 130 (3ᵉ classe) + 32 (2ᵉ classe) = 162 places.
Au maximum 350 — 20 = 330 (3ᵉ classe) + 32 (2ᵉ classe) = 362 places.

Suivant les renseignements que j'ai pu recueillir auprès des agents du service actif, il y a en service normal, 38 rames complètes de trains à 8 voitures, en dehors des réserves, soit :

38 rames de trains à 8 voitures = 304 voitures.

Il n'y a pas d'affluence de voyageurs en semaine, et, quant à présent, toutes les dispositions, prises par l'Administration allemande, semblent largement suffisantes.

D'autre part, les mouvements des fêtes et Dimanches, ont, à Berlin, une progression très favorable pour l'exploitant, d'où suit l'impossibilité d'une comparaison avec nos mouvements.

Tandis qu'à Paris, nous nous trouvons avoir à faire face à des foules, à enlever en trois ou quatre heures et à ramener dans le même espace de temps, l'Administration allemande voit s'échelonner les transports. En effet les Berlinois qui gagnent la campagne, commencent dès la veille à prendre les trains de Banlieue ou de Grande Ligne ; — Sept terminus, (Postdamer, Anhalter =, Gorlitzer =, Niederschlesischer =, Ost =, Stettiner =, Lehrter Bahnhof, et cinq gares de grande ligne de la Stadtbahn, viennent solliciter l'habitant pour toutes les directions (1). La campagne n'offre pas, à vrai dire, comme la nôtre de l'Ouest, des bosquets privilégiés; plate et insignifiante de toutes parts, elle est partout également recherchée.

A ces douze gares, il faut ajouter les 11 stations (gares et haltes) du service métropolitain local. Nous obtenons ainsi 23 points de réception (arrivage et expédition) soit un en moyenne pour 50,000 habitants, la population étant de 1,200,000 habitants (2).

Ainsi la Stadtbahn (local) n'a à faire face, étant donnée la concurrence forcée de la grande ligne, qu'à un mouvement réduit. Avec les trains facultatifs elle peut, le dimanche, enlever dans chaque sens 2,500 *voyageurs*, soit 5,000 dans les deux sens *par heure*, et environ 50,000 expéditions et arrivages pour la journée entière.

Des compositions aussi faibles que celles offertes seraient donc insuffisantes, si le tracé était plus heureux et les quartiers populeux mieux desservis.

---

(1) Tandis que Berlin, bien qu'ayant condamné 3 de ses anciens terminus, Dresdener =, Nord =, et Hamburger Bahnhof, dispose pour 1,200,000 habitants, de 12 gares de grande lignes, soit 1 pour 100,000 habitants, Paris possède 6 grandes gares (St-Lazare, Nord, Est, P. L. M., Orléans et Montparnasse), 2 gares secondaires (Vincennes et Sceaux) ; au total 8 terminus pour 2,600,000 d'habitants soit 1 pour 250,000 habitants. — Berlin a donc 2 fois 1/2 plus de grandes gares. (Voir le plan général de Berlin).

(2) Berlin a, pour la Stadt et Ringbahn, 28 gares de service local, soit 2.3 par 100,000 hab.; — Paris a sur la ceinture, 27 gares, Reuilly et le Champ-de-Mars, en tout 29, soit 1.3 par 100,000 habitants.

Il est de toute évidence qu'à Paris, où la classe inférieure domine et se meut, nous ne pourrions satisfaire, pour le service métropolitain, avec la composition maximum de Berlin ; nous ne pourrions même pas répondre du mouvement minimum de la semaine, étant donné l'espacement des trains.

Il est bon toutefois de reconnaître que le jour où l'Administration de la Stadtbahn rencontrera des difficultés pour l'enlèvement de ses voyageurs, elle pourra, soit inscrire de nouveaux trains, soit augmenter la charge réglementaire, de façon à doubler et même tripler ses moyens d'action.

Pour fixer l'esprit sur l'importance réelle du mouvement de la Stadtbahn (local), je donnerai un exemple :

Friedrichstrasse est la gare la plus centrale et la plus animée ; elle donne par jour, pour le service local, un nombre de voyageurs variant *entre* 5,000 *et* 6,000 (arrivages et expéditions), soit une moyenne de 12 à 15 arrivées et autant de départs *par train.*

Ce mouvement est dépassé de 50 0/0 les jours de service extraordinaire.

Sur l'ensemble de la ligne de la Stadtbahn locale, on compte pour une journée 15,000 expéditions de voyageurs (conséquemment le même nombre d'arrivages), ce qui donne *pour l'année entière*, en chiffres ronds 4,475,000 *voyageurs.*

L'absence de points de comparaison avec le régime français, empêche de tirer des déductions immédiates et la question nous semble devoir être réservée.

Le service des gares et haltes de la Stadtbahn est exécuté d'une façon très remarquable au point de vue de l'économie de l'Exploitation. Le voyageur prend son billet dans la partie basse de la gare, qui n'a qu'un *agent*, celui de la recette, une femme généralement. Pour arriver au quai, il rencontre un second agent, le *schaffner*, qui contrôle son billet ; un *assistant* ou chef de service expédie le train sur le quai, commun aux deux voies, montante et descendante.

Un train arrive, le voyageur s'y place de lui-même avec aisance, le *conducteur*, seul agent du train, siffle à l'arrière, et le train part protégé par un quatrième agent de la gare qui est spécialement chargé des signaux qu'il manœuvre du kiosque central.

Dans les grandes gares le nombre des agents est augmenté, suivant les besoins du service, soit au contrôle, soit aux signaux.

Le groupe local n'a aucun rapport avec celui de grande ligne. Il est cependant assuré par les mêmes agents, un roulement étant établi pour les deux services.

Une barrière en fer sépare, comme nous l'avons dit, l'entre-voie des lignes des deux groupes ; les portillons qui y sont pratiqués ne servent qu'exceptionnellement pour les agents de l'entretien ou de l'éclairage.

Service des trains de la Stadtbahn. (Grandes Lignes).

La *Stadtbahn méridionale*, avons-nous dit, sert uniquement au trafic de Banlieue et de grande ligne, elle comporte tout le trafic voyageurs de transit de l'Ouest sur l'Est et inversement.

Le service des trains est organisé suivant trois types :

1° **Trains de Banlieue**, *vorort-verkehr*, formés au-delà et à l'Est de Berlin, à Erkner et venant mourir à Postdam après avoir traversé Berlin de l'Est à l'Ouest, de Stralau, Rummelsburg à Charlottenburg ; retour par la même voie de Postdam à Erkner.

Ces trains dans Berlin ne s'arrêtent qu'aux gares de Schlesischer Bahnhof, Alexander-Platz, Friedrichstrasse, Zoologischer Garten, et Charlottenburg.

2° **Trains de grande ligne sur l'Est**. Une série de trains pour chacune des lignes de :

  1° Kœnigsberg, Eydtkuhnen,
  2° Kohfürt, Breslau,

Ont eu leur point de départ, primitivement fixé aux gares terminus d'Ost Bahnhof et de Niederschlesischer Bahnhof (à l'Est), reporté à la grande gare de triage de Charlottenburg (à l'Ouest de Berlin.)

Ces trains s'arrêtent tous, suivant l'importance de la gare, 2, 4, 5, ou 10^m à chacune des gares précitées, Zoologischer Garten, Friedrichstrasse, Alexander Platz et Schlesischer Bahnhof, et prennent, à partir de ce point, une marche réglée par leur qualité d'Omnibus (Personenzug), poste (Courrierzug), express (Schnellzug), etc. Leurs retours suivent une marche symétrique.

3° **Trains de grande ligne sur l'Ouest**. Par application du principe, en vertu duquel ont été tracées les marches précédentes, certains trains, qui doivent, à l'Ouest de Berlin, rayonner sur l'Allemagne Occidentale, ont été supprimés au départ des terminus d'Anhalter Bahnhof, Postdamer Bahnhof, Lehrter Bahnhof ; et reportés à la grande gare de triage de Schlesischer Bahnhof ; ils traversent les mêmes gares d'Alexanderplatz, Friedrichstrasse, Zoologischer Garten, et Charlottenburg. Leur retour s'effectue avec une marche inverse.

Le service ainsi organisé pour la grande ligne donne la facilité de passer du Nord-Est, de l'Est, ou du Sud-Est, à un point quelconque du Nord-Ouest, de l'Ouest, ou du Sud Ouest de l'Allemagne, et inversement, avec un simple changement de train dans l'une des gares comprises entre Charlottenburg et Schlesischer Bahnhof.

A vrai dire, on objecte à ce système, qu'un voyageur n'effectue presque jamais la traversée de l'Allemagne, dans un des sens indiqué précédemment, sans s'arrêter au moins

6.

quelques heures à Berlin, et que, par conséquent, l'exception seulement profite de cette disposition particulière.

De même, l'avantage, que l'on a à prendre, ou à quitter le train à 400 mètres, seulement, de sa porte, doit être mis en balance avec la perte des aises et du choix des places aux gares de formation.

A Berlin, pour prendre son temps et s'installer à sa guise, il faut donc maintenant remonter à Charlottenburg ou Schlesischer Bahnhof ; parcourir de 4 à 6 kilomètres et en payer en plus 8 ou 12 (parcours dans les deux sens.)

Telles sont les objections plus ou moins réelles que l'on fait au nouveau système, dont l'avantage incontestable est de faire gagner un temps précieux.

Les tableaux de service de la Stadtbahn méridionale ne comprennent que les trains de voyageurs ; le tableau ci-après donne par ligne le détail des trains réguliers journaliers au nombre de 96.

		Aller	Retour	Total brut	Trains communs		TRAINS indiqués au graphique	TOTAL
Ligne de Postdam-Berlin-Erkner	Aller.	25	»	52	»		25	52
	Retour	»	27		»		27	
Ligne de Berlin-Eydtkuhnen	Aller..	10	»	20	3	Communs avec ceux de la ligne de Postdam-Berlin-Erkner	7	14
	Retour	»	10		3		7	
Ligne de Berlin-Postdam-Werder	Aller..	11	»	22	8		3	6
	Retour	»	11		8		3	
Ligne de Berlin-Kohlfurt-Breslau	Aller..	10	»	20	4		6	12
	Retour	»	10		4		6	
Ligne de Berlin-Hannover-Coeln	Aller..	3	»	6	»	»	3	6
	Retour	»	3		»	»	3	
Ligne de Berlin-Hamburg	Aller..	2	»	4	»	»	2	4
	Retour	»	2		»	»	2	
Ligne de Berlin-Frankfurt	Aller..	2	»	4	1	Communs avec la ligne de Berlin-Postdam-Werder	1	2
	Retour	»	2		1		1	
Ligne de Berlin-Holzminden-Magdeburg-Düsseldorf	Aller..	3	»	6	3		»	»
	Retour	»	3		3		»	»
		66	68	134	38		96	96

Si l'on superpose le tracé de tous les trains qui sont indiqués au tableau ci-dessus pour la traversée de Berlin et celui de la Stadtbahn locale, on reconnaît bien vite que l'ensemble des 358 trains du service complet ne pouvaient pas avoir lieu dans les 18 heures de service, sur une seule double voie (1).

Mais cette impossibilité n'établit rien quant à la nécessité des 358 trains qui, sansdoute, ne sont que partiellement justifiés par l'importance du trafic.

. Les trains de grande ligne avaient lieu au départ d'autres gares ; ils ont été déplacés avantageusement, rien de mieux ! — Ils auraient pu, si une double voie seule avait été établie, prendre des voyageurs dans une ou deux voitures spéciales, qui auraient été abandonnées après la traversée de la ville, en supprimant *ipso facto* les trains locaux dont ils semblent gêner la marche et qui sont si faiblement occupés.

Le service des trains de grande ligne comprend :

1° l'Expédition des voyageurs.
2° Celle de leurs bagages, dans les limites différentes admises par chaque exploitation.
3° Celle des messageries.
4° Celle des articles postaux.
De là, la nécessité d'arrêt d'importance variable.
Des services énumérés ci-dessus, seul, celui de la poste exige un arrêt prolongé.

Les voyageurs sont peu nombreux à chacune des gares, répartis qu'ils sont en 5 groupes, ils s'embarquent méthodiquement sous la surveillance d'un conducteur par 1 — 2 ou 3 voitures, ils emportent à la main la partie la plus importante de leurs bagages.

Les bagages de tout un train express ou omnibus exigent bien rarement plus d'un fourgon ; c'est dire combien ce service est réduit par rapport au nôtre et combien, par suite, les difficultés de l'exploitation sont aussi diminuées.

Les messageries, arrivages et expéditions existent pour le principe, il n'y a pas de service réel de marchandises, car le commerce réduit généralement ses envois à deux modes — Système postal jusqu'à 5 k. g. pris et livrés dans tous les bureaux de poste, et expédition de petite vitesse ou denrées, livrées dans des gares bien plus centrales que les nôtres, telles que les annexes de la gare de l'Est à Paris, ou livrées à domicile. *L'élévation de la taxe* de la messagerie a d'ailleurs réduit à des proportions insignifiantes, cette nature de transports.

La Poste. En dehors du service des dépêches tel qu'il existe chez nous, les Postes Impériales ont accaparé, pour toute l'Allemagne, le monopole des transports des petits colis jusqu'à 5 kil. Les avantages donnés par ce système lui ont assuré un succès énorme, et aujourd'hui la messagerie est passée tout entière aux Postes Impériales quel que soit l'ex-

---

(1) 358 trains en 18 heures représentent une moyenne de 20 trains à l'heure, soit 10 montants et 10 descendants ou un train tous les 6 minutes dans chaque sens.

ploitant. Du développement de ce service est née l'importance des Postes, qui ont dans toutes les gares des aménagements spéciaux d'importance presque égale à celle du service de l'exploitation.

Le public a gagné à cette modification qui lui permet d'expédier ou de livrer à sa porte même, dans les pays les plus petits, la Prusse y a gagné aussi, puisque l'Administration des Postes de l'Empire est entre ses mains. Peut-être même, les exploitants n'y ont-ils pas perdu ? Partout, en effet, ils ont pu réduire le personnel des gares, dans une proportion supérieure à l'abaissement de leurs recettes.

CHAPITRE IV.

EXPLOITATION ADMINISTRATIVE ET COMMERCIALE

Réglement de la Stadtbahn (local).

Tarifs.

Réglement de la Stadtbahn (local).

Les deux régimes de la Stadtbahn font l'objet d'une réglementation bien distincte :

La Stadtbahn — grande ligne et Banlieue, est exploitée suivant tous les principes des chemins d'Etat prussiens (*Réglement de police et d'exploitation*).

L'accès du quai est entièrement public ; le contrôle est fait dans les trains ; ce système particulier d'exploitation mérite à lui seul une note d'ensemble. Je ne crois pas nécessaire de le développer ici.

Le service local, sur lequel je n'aurai pas à revenir, doit, au contraire, être examiné quant à présent.

L'Exploitation d'un régime métropolitain local exige un service de contrôle, avant tout rapide ; il demandait en outre à Berlin, où il n'était appelé à ne produire que de faibles recettes, une économie, aussi grande que possible.

La question a été étudiée avec un soin tout particulier, et, en même temps que les bases générales des tarifs, une série de règles d'exception aux ordonnances de police et d'Exploitation ont été établies.

L'exposé des mesures spéciales prises par la direction de Berlin et approuvées par l'Administration supérieure, sont détaillées ci-après, accompagnées de quelques observations :

I. — *L'accès du quai n'est acquis qu'aux personnes munies d'un billet de place, valable.*

Les billets de place seront poinçonnés par le Contrôleur à l'arrivée sur le quai, ils seront repris à la sortie du quai.

La ligne n'était pas appelée à être très fréquentée ; les trains devaient par contre, se succéder à petit intervalle. De là des compositions faibles pour les trains ; la première économie s'imposait : *réduction du personnel des trains à sa plus simple expression.*

La suppression des conducteurs-contrôleurs, qui, d'ailleurs, n'auraient pu visiter 15 à 20 compartiments entre 2 gares consécutives, distantes en moyenne de 1 k". 500 (c'est-à-dire l'espace de 3 à 4 minutes,) a conduit à reporter le contrôle à l'*Entrée-Sortie,* du quai.

Ce contrôle a été confié à chaque station à un *Schaffner* ou surveillant, qui se tient sur le quai, au sommet de l'escalier d'accès ; il reçoit les billets de place des voyageurs sortant ; il *poinçonne* ceux des voyageurs arrivant prendre le train, (avec un coin qui enlève un morceau de carton et laisse le gauffrage de l'initiale de la station (S, J, A, F, L, B, Z, C, suivant le cas.)

Les *billets*, comme on va le voir, sont *valables*, soit pour *la journée*, soit pour *deux jours*, soit pour jusqu'à la fin de l'année et quelque fois même dans plusieurs sens.

Au moyen du contrôle qui est fait *d'une façon très sérieuse*, un voyageur ne peut se dérober ; il est forcé, pour monter sur le quai de remettre un billet en règle qui est sacrifié par le poinçon et ne pourra jamais servir une deuxième fois. A l'arrivée, il lui faut donner un *billet poinçonné* ; qu'il ne pourra obtenir d'un contrôle de complaisance.

Le surveillant ne peut trafiquer, non plus, des billets, puisque ces billets déjà poinçonnés de la marque de différentes stations seraient refusés ailleurs.

Toutefois, à supposer une complicité entre surveillants, le même billet pourrait servir l'année entière par son défaut de date ; un moyen simple de prévenir cette fraude consisterait dans le gauffrage avec l'indice de la gare de la date de la journée comptable.

II. — *Il ne sera délivré que des billets de 2ᵉ et 3ᵉ classe ; les billets simples comportent outre le point de départ et celui de la destination, la mention* **entre** *et peuvent être employés pour un seul voyage entre les deux points indiqués dans un sens quelconque; on peut donc à volonté prendre à la station de départ son billet pour le retour,*

En Allemagne les voitures de *première classe*, qui correspondent à un *tarif proportionnellement élevé*, sont très peu utilisées ; on ne saurait mieux les comparer qu'à nos places de luxe. D'ailleurs, les voyageurs, qui les emploient pour la grande ligne, ne sortent qu'en coupé à Berlin et n'ont nullement leurs relations placées sur le parcours de la Stadtbahn. Dans ces conditions, ces voitures auraient circulé à vide, le plus souvent.

Les voitures de 2ᵉ classe, qui semblent devoir être l'équivalent de nos voitures de 1ʳᵉ (pour la ceinture ou la Banlieue) sont elles-mêmes *très-peu occupées* ; cela vient de ce que la population de Berlin contient une proportion beaucoup moins forte d'habitants de la classe supérieure et de la bourgeoisie que Paris et Londres. Les fonctionnaires ou agents des Administrations n'ont pas lieu d'employer la Stadtbahn parce qu'ils se logent encore facilement à Berlin et que les Administrations sont assez éloignées de toutes les stations. Enfin, le commerce et l'industrie se contentent presque toujours des voitures de 3ᵉ classe pour des parcours de quelques minutes. Il s'en suit que les 2ᵉ classes ne sont occupées que dans de bien faibles proportions et par des officiers surtout.

Un train de la Stadtringbahn contient toujours (au moins et au plus) une voiture de 2ᵉ classe ($4 \times 8 = 32$.) Sauf le dimanche, la moyenne d'occupation n'est pas même d'un voyageur par compartiment.

Chez nous, la suppression d'une classe pour les trains de Banlieue date de loin ; elle a porté sur la classe inférieure, la 3ᵉ classe. Sans doute un service de métropolitain à Paris demanderait-il la même règle, car il est indispensable pour la bonne exécution du service (composition des trains, service des voyageurs, contrôle des billets) que le nombre des classes soit aussi limité que possible et, par suite, les voyageurs groupés facilement sans poids mort. La vérité est sans doute, comme en Amérique, dans la classe unique.

En tout état de cause, la proportion de l'occupation de l'une et l'autre classe dans le train berlinois, n'est pour nous d'aucun exemple ; nous n'en déduirons aucune conséquence.

Le billet simple indique, avec le nom de la station qui a délivré, celui de la station extrême correspondant au prix qu'il coûte, les taxes étant arrondies par 0^m 10 (0 fr. 125.)

La plupart du temps, ce prix correspond à deux stations dans un sens déterminé, le nombre des stations inscrites est alors de trois. Le billet ci-contre en donne l'exemple.

Un billet de Bellevue à Friedrichstrasse porte :

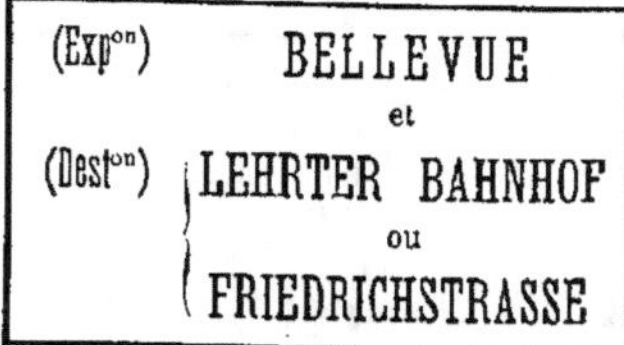

Un billet de Friedrichstrasse à Lehrter bahnhof porte :

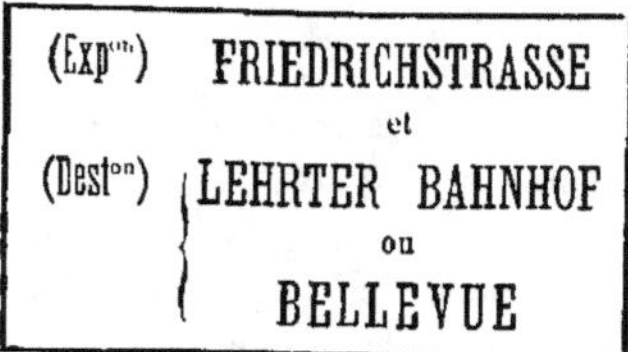

L'examen du Barême du tarif général de la Stadtbahn, ci-après, fixe bien l'esprit sur les applications de cette disposition particulière.

Ainsi le voyageur reçoit toujours le billet du plus long parcours correspondant, dans la direction donnée, au prix qu'il paie, et il jouit de la facilité de descendre au point intermédiaire.

Ce système présente des avantages réels, non seulement pour le voyageur, auquel la part la plus large est faite, mais aussi et surtout pour l'exploitant, qui *réduit sa comptabilité* dans la proportion de 2 à 1, n'ayant plus qu'une série de billets au lieu de deux pour

7.

un même prix et deux destinations. La facilité de faire d'un billet son aller et son retour réduit encore la comptabilité dans la proportion de 2 à 1. Il n'y a donc, dans le système allemand, qu'une série de billets en service pour 4 usités dans le système français de banlieue.

Ci-dessous la reproduction de trois billets de 3ᵉ classe de la Stadtbahn local (pl. ent.) :

Nous avons, il y a longtemps déjà, à la Compagnie, tenté un essai de simplification de cette nature. Je veux parler des billets *pris à l'avance*. Sans doute y aurait-il avantage en ce qui concerne la banlieue ou la ceinture à ne pas rester en arrière sur nos voisins si la fraude n'avait pas trouvé un vaste champ d'exploitation.

Dans cet ordre d'idées à un point de vue peut-être seulement théorique, on peut concevoir de plus grandes facilités accordées au public et plus de simplicité dans la comptabilité en faisant usage de billets sans indication primitive de point de départ et d'arrivée ; nous allons en trouver l'exemple plus loin pour les *billets* de forcement ou *d'amende*.

Je suppose des billets valables l'année entière.

Au recto. 1 — l'indice du Bureau de délivrance.

2 — le numéro d'ordre et la série.

3 — la valeur et la zône.

4 — la classe

5 — un espace ménagé pour le Contrôle.

Au verso. — le barème des parcours de la zône correspondant au prix du billet.

Le billet *poinçonné de la station de départ* (avec indication de la journée comptable serait reçu dans les conditions de classe pour une *direction* ou *l'inverse*.

Je suppose la zône Paris-Argenteuil, le billet de 2ᵉ classe au prix de 0 fr. 40. Il donnerait les parcours facultatifs :

1° Paris à Asnières.
2° Asnières à Paris.
3° Asnières à Bois-Colombes.
4° Bois-Colombes à Asnières.
5° Bois-Colombes à Argenteuil.
6° Argenteuil à Bois-Colombes, etc.

On réaliserait cette hypothèse, par une *extension* des billets pris à l'avance, en arrondissant les taxes et en généralisant leur application tant aux directions s'écartant de Paris qu'à celles s'y dirigeant.

Ces observations n'ont quelque valeur qu'en raison de ce que nous voyons nos voisins, réputés rétrogrades, recueillir les *avantages très réels des réductions de dépenses de contrôle comptable*, qui grèvent toujours la gestion.

Des modifications de cette nature donnent lieu à une foule de combinaisons qui ne rentrent pas dans le cadre forcément restreint de ce travail ; je les néglige.

III. — *Aux stations de la Stadtbahn, on délivre des billets simples par séries de dix, avec une remise de 10 0/0 pour les gares de la Stadt et Ringbahn ; ces mêmes billets donnent droit au voyage dans l'un ou l'autre sens entre les stations désignées, pendant la durée de leur validité.*

La remise de 10 0/0 qu'annonce le tarif semble bien plutôt faite pour engager le public à voyager que pour gagner aux agents préposés aux recettes un temps précieux... Nous ne saurions y attacher d'autre importance.

Il y a lieu de remarquer que tous les billets pris au moment du départ ou par séries sont valables jusqu'au 31 Décembre. En réalité les inconvénients que cette mesure semble présenter sont bien réduits par l'oblitération que subit le billet au passage sur le quai ; c'est là l'équivalent du compostage au bureau de recette.

IV. — *Pour les mêmes relations on délivre des billets d'enfants à moitié prix, mais seulement par séries ; les règles générales du tarif demeurent, quant au reste, complètement applicables aux enfants.*

Il est très rationnel de limiter la réduction accordée aux enfants à une simplification de la comptabilité. C'est un exemple heureux et sage à imiter pour une nouvelle réglementation particulière à prévoir pour le métropolitain, si tant est qu'on entre dans la voie des taxes réduites.

V. — *Avec des réductions de prix particulières, il est délivré :*

    (*A*). *Des billets d'ouvriers (valables un jour) en 3e classe ; pour un seul voyage dans chaque sens, jours de semaines, Dimanches et Fêtes.*

    (*B*). *Des billets d'ouvriers (valables une semaine) en 3e classe du Lundi au Dimanche soir et pour un seul voyage, chaque jour, dans chaque sens.*

    L'aller doit être effectué avant 8 heures du matin, le retour à volonté à partir de 4 heures de l'après-midi. Les affiches apposées dans les gares, désignent les trains spéciaux qui comportent les voyageurs, munis de billets d'ouvriers. Ces billets devront être compostés à la délivrance.

    (*C*). *Des billets militaires pour les relations de la Stadtbahn avec les gares de Spandau et de Postdam.*

Les dispositions de nos tarifs, en ce qui concerne les billets d'ouvriers, sont absolument comparables à celles-ci : il ne semble pas qu'il y ait lieu à observations.

Il paraît aussi très-avantageux pour l'exploitant d'avoir limité la réduction de tarif aux *militaires aux stations qui correspondent aux garnisons ;* ce fait est remarquable à *Berlin,* où le militarisme est en honneur.

VI. — *Des billets d'aller et retour sont délivrés :*

    (*A*). *Valable deux jours pour les relations avec les gares de la Stadtbahn.*

    (*B*). *Valables pour le jour de la délivrance par les gares de la Stadtbahn ci-après : Schesischer bahnhof, Jannowitz brüke, Alexanderplatz, Boerse, Friedrichstrasse et Lehrter bahnhof et de Postdamer bahnhof à destination des gares de Zoologischer Garten, Charlottenburg ou Westend. Ces billets donnent droit sans surtaxe, à une entrée à la Flora, à Charlottenburg. Le retour s'effectue à volonté par la station du départ ou bien de Westend sur Postdamer Bahnhof : enfin, le coupon de retour des billets d'aller et retour, délivrés au départ de Postdamer bahnhof, peut être employé pour une des gares de la Stadtbahn.*

Les prix des billets sont les suivants :

Au départ de Schlesischer bahnhof, Jannowitz brücke et Alexanderplätz,

      2e classe . . . . 1 m. 30
      3e classe . . . . . 1 m. »

    (*C*). *Valables pour le jour de la délivrance, des gares des Stadt et Ringbahn à destination de Hundekehle (Grünewald) des gares de la Stadtbahn pour les au-delà de Hundekehle jusqu'à Werder inclus.*

La validité de deux jours des billets d'aller et retour pour la Banlieue, vient de ce qu'à Berlin le mouvement au dehors de la ville s'effectue dès la veille des Dimanches et Fêtes. Les rentrées sont échelonnées du Dimanche au Lundi.

Il est rationnel de restreindre à un jour la validité des billets pour la Flora, établissement qui tient à la fois du Cristal-Palace, des Folies-Bergère et de Bullier, on ne peut évidemment y prolonger son séjour au-delà de la fermeture. L'entrée accessoire à cet établissement est le fait d'une simple soudure de taxes sans intérêt.

La facilité d'effectuer son retour par une gare entre plusieurs existe également sur notre Banlieue, pour les deux lignes de Versailles, par exemple. Nous n'avons pas lieu de nous y arrêter.

VII. — *Des billets circulaires valables pour le jour de la délivrance existent au départ des gares de Stadtbahn, de Friedrichstrasse et d'Alexanderplatz, au prix de 1 m. 40 en 2ᵉ classe et de 1 m. 10 en 3ᵉ classe. Ces billets permettent, au-delà de la Stadtbahn d'emprunter la partie du Nord ou la partie Sud de la Ringbahn pour rentrer à la station de départ.*

Des billets circulaires de 2ᵉ et 3ᵉ classe également valables le jour de leur délivrance, existent au départ des gares ci-après dénommées de la Stadtbahn : Schlesischer bahnhof Alexanderplatz et Friedrichstrasse et Postdamer bahnhof, ils donnent droit aux itinéraires suivants :

Nᵒ 1. Aller : de Schlesischer bahnhof, Alexanderplatz, Friedrichstrasse à Hundekehle (Grünewald) ou de Postdamer bahnhof à Grünewald.

Retour : de Zehlendorf, Schlachtensee de Wannsee à Postdamer bahnhof.

Nᵒ 2. Aller : de Postdamer bahnhof ou inversement, à Zehlendorf, Schlachtensee ou Wannsee.

Retour : de Hundekehle à Dresdener Bahnhof (1), Friedrichstrasse, Alexanderplatz ou Schlesischer bahnhof.

Ou de Grünewald à Postdamer bahnhof.

Les billets coûtent, aller et retour :

Pour Zehlendorf,

2ᵉ *classe*	1 *m*. 20
3ᵉ *classe*	0 *m*. 80

Schlachtensee ou Wannsee :

2ᵉ *classe*	1 *m*. 60
3ᵉ *classe*	1 *m*. 10

Pas d'observations.

VIII. — *L'Administration de la Stadt et Ringbahn met à la disposition du public dans ses bureaux de l'Exploitation, 15 Neu Stadtische Kirchtrasse, des cartes d'abonnement pour adultes et des billets par abonnement pour écoliers.*

Pas d'observations.

---

(1) Aujourd'hui Postdamer Bahnhof.

IX. — *Un voyageur reconnu dans une des gares de la Stadt et Ringbahn sans billet ou sans billet valable, est passible d'une amende de 6 Mark.*

Un voyageur trouvé en 2ᵉ classe porteur d'un billet de 3ᵉ classe encourt la même pénalité. Le voyageur attardé, qui est monté sans billet, mais en fait la déclaration spontanée, devra acquitter, en dehors du prix de son billet, une surtaxe de 1 Mark. Un voyageur, ayant suivi une fausse direction ou qui a dépassé sa destination par erreur devra verser le prix d'un billet pour le parcours supplémentaire réellement effectué. A cet effet, il existe des séries de billets de surtaxes aux prix de 0 m. 10, 0 m. 20, 1 m. et 6 m. Les voyageurs qui ne sont pas en règle devront se pourvoir de billets de surtaxe, ils pourront ensuite passer à la sortie sur la présentation des dits billets de surtaxe.

Les billets de surtaxe seront exceptionnellement délivrés lorsque les places venant à manquer en 3ᵉ classe, les voyageurs de cette classe voudront profiter de places vides en 2ᵉ classe. On pourra prendre ces billets dans le kiosque sur le quai en payant la différence de prix entre les deux classes. Ces billets doivent être pris avant de monter en voiture et être remis à la sortie joints au billet principal.

La constatation du flagrant délit, pour des cas définis, entraîne, en Angleterre, en Autriche, et nous le voyons en Allemagne, une condamnation avec paiement immédiat.

Ce mode de répression purement pécuniaire est à tous les points de vue avantageux. Le service exploitant en a immédiatement terminé sans correspondance ni procès, souvent onéreux pour lui-même ; le coupable en est quitte à bon compte ; je crois pouvoir dire que l'équité y gagne, car cette procédure rapide supprime toutes les démarches un peu scandaleuses auxquelles ne manque pas de se livrer le voyageur sous le coup d'un procès-verbal.

Il est indispensable que la sanction pénale soit simple et sommaire, que le voyageur connaisse bien la taxe de la peine encourue et soit bien assuré de l'encaissement de ce qu'il verse ; la réglementation remplit ces conditions.

Nous devons enfin remarquer que la progression des amendes ou plutôt des forcements est très rationnelle.

Ci-dessous un type de billet de surtaxe. On porte, comme on le voit sur le verso, la griffe de la gare de délivrance.

C'est la gare de Friedrichstrasse dans l'espèce. Le billet est remis par l'assistant (chef de gare de service), qui taxe lui-même l'infraction, de façon à éviter toute discussion entre agent inférieur et voyageur.

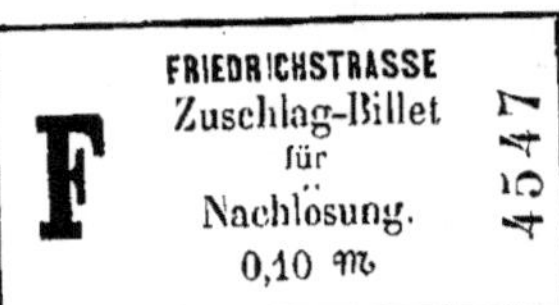

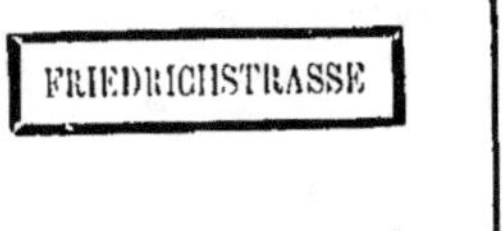

X. — *Les voyageurs peuvent emmener des chiens ; il existe à cet effet des « billets de chiens »
à des prix variant, sur la Stadt et Ringbahn, de 0 m. 10 à 0 m. 40. Pour la banlieue,
les prix sont de 0 m. 10 à 0 m. 70.*

Pas d'observations, si ce n'est que l'admission dans les voitures a lieu d'office, le
fourgon n'existant pas.

Cette question pourrait être, je crois, fort discutée.

XI. — *Il n'existe aucun service de bagages et l'Administration décline toute responsabilité pour
ceux qui pourraient être mis, soit au fourgon, soit dans le compartiment réservé. Le
voyageur doit pourvoir à la manutention en dehors des salles d'attente, tant à l'arrivée
qu'au départ.*

La suppression des bagages dans un service aussi serré que l'est celui d'un métropolitain semble obligatoire. L'arrêt ne dépasse pas 15" dans les gares, 10" dans les haltes.
Pendant ce temps le conducteur doit *surveiller le service fait par les voyageurs*, pour rece-
voir les bagages, il faudrait d'ailleurs faire admettre l'existence d'un fourgon pour
les bagages auquel on a heureusement renoncé et enfin doubler le personnel existant.
Somme toute, de grands frais et des retards pour tous dans une exploitation appelée à ne
jamais couvrir les dépenses de son établissement, sans avantages sérieux en retour. La
tolérance des bagages à la main est la conséquence nécessaire de l'interdiction de leur
transport officiel. Il n'y a pas à s'y arrêter.

Il existe dans toute les gares de la Stadtbahn des Gepœcktrager (1) ou porteurs de bagages,
qui assistent les voyageurs des salles d'attente aux quais et inversement, c'est la seule
facilité donnée au public, qui n'a pas le droit de se faire accompagner au-delà de la salle
des Pas-Perdus par des domestiques ou garçons d'hôtel : ces derniers, pour toute contra-
vention de ce genre, encourent une pénalité de 3 m. (3 fr. 75) au minimum.

XII. — *La direction et le terminus des trains sont annoncés au public par des* ENSEIGNES VOLANTES
très apparentes et très claires placées à l'avant de la machine ; sur le quai, une PLAQUE
INDICATRICE *fournit ce même renseignement. Le départ des trains ne sera pas rappelé
dans les salles d'attente une fois que la cloche aura sonné sur le quai.*

*Il n'existe aucune affectation spéciale des places. Il appartient aux voyageurs de chercher
leurs places, et en montant ou descendant d'ouvrir et de fermer eux-mêmes leurs portières.*

L'annonce des trains, faite au moyen des *plaques volantes*, que supporte la traverse de

---

(1) Le service de la consigne est compris d'une façon très pratique. Quand le voyageur donne aux
mains d'un gepœcktrager un ou plusieurs colis, ce dernier remet immédiatement un ticket en carton numé-
roté à l'avance qu'il tire de sa poche, et sur lequel il porte au crayon-encre le nombre des colis reçus.

la machine (caractères noirs, de 0^m10 de haut, sur fond blanc) est l'objet d'un soin extrême.

Des *inscriptions latérales* placées sur les parois des voitures confirment les indications dans l'esprit de ceux que le trop brusque passage de la machine aurait surpris.

Enfin, aussitôt le passage de chaque train, une potence à bras mobiles placée au milieu du quai commun aux deux directions, donne l'indication du train qui va survenir dans chaque sens. Il y a un jeu d'enseignes correspondant au nombre des circuits. Ces indications sont les suivantes à Friedrischstrasse.

Dans un sens :

— Zoologischer Garten,
— Charlottenburg,
— Westend,
— Nordring par Westend,
— Südring par Charlottenburg,

Dans l'autre sens :

— Schlesischer bahnhof,
— Nordring par Stralau Rummelsburg.
— Sudring par Sralau Rummelsburg.

Ces pancartes sont peintes des deux côtés de façon à fournir l'indication à tout endroit du quai, en avant ou en arrière du plan dans lequel elles se meuvent. Le mécanisme est très simple : dans la position normale, la pancarte tombe dans le cartouche qui masque les indications ; pour donner une direction, on appuie sur un levier, de façon à faire dévier la pancarte de 1/4 de cercle, on la fixe ensuite dans la coche correspondante au moyen d'une douille (1).

Chaque support comporte les 8 pancartes désignées, plus un certain nombre de pancartes « d'attente. » Il mesure 2^m50 de hauteur ; les pancartes ont 0^m25 de surface, les caractères sont noirs sur fond blanc.

L'appel du départ est fait en réalité pour les trains de grande ligne ou de banlieue dans les salles d'attente, buffets, communs aux services locaux et de grande ligne. Un surveillant vient, *casquette à la main*, rappeler à Messieurs les voyageurs l'heure du départ, 3 ou 2 minutes avant le passage du train et il agite une sonnette à main *ad hoc.*

L'annonce du départ des trains pour le service local, au moyen de la cloche, ainsi qu'il est dit au règlement, n'a pas reçu d'application dans la pratique ; cette disposition a dû disparaître du jour où le service de banlieue, primitivement commun avec le service local, a été reporté au groupe de grande ligne.

---

(1) Les dispositions adoptées pour ces sémaphores sont loin d'être nouvelles ; mais le type a été tellement étudié et la proportion est si heureuse qu'on ne peut se dispenser de les citer comme exemple.

XIII. — *Il n'est toléré de fumer qu'en 2ᵉ classe, et seulement quand il existe des compartiments spéciaux pour fumeurs ; il n'existe pas de compartiments pour dames seules.*

La restriction de la tolérance de fumer est bien plus apparente que réelle ; on rencontre des pipes partout où il y a des voyageurs ; mais l'Administration a su se couvrir d'un réglement qui lui épargne des affectations particulières de matériel et, partant, la remorque d'un certain poids mort.

La suppression des compartiments « dames seules » est conçue dans le même ordre d'idées et répond à la tendance générale de les négliger.

XIV. — *Sur la demande d'un voyageur, on devra fermer la portière du côté d'ou vient le vent.*

Cette mesure, toute récente, de réglementer la fermeture des portières est très-bien comprise ; elle peut sans doute mettre un terme à bien des discussions de voyageurs mécontents les uns des autres ; elle n'a aucune portée toutefois pour l'exploitant.

A ce sujet, il est bon de remarquer que si les *glaces*, autres que celles de la portière, sont *fixes* partout, elles sont plus grandes et donnent beaucoup plus de lumière. La portière, dont l'ouverture est également beaucoup plus grande que les nôtres, donne tout l'air que l'on peut souhaiter ; on a d'ailleurs la ressource d'ouvrir le vasistas de la galerie supérieure.

En général, en Allemagne, les voyageurs sont soigneusement classés par rapport au point de destination des voitures ; c'est ordinairement le conducteur qui place le voyageur, il faut bien le reconnaître, dans les conditions de bien-être les plus conformes à son désir. Dans le service local, le voyageur, abandonné à lui-même, doit chercher et son train et sa place, sans hésitation ni concours étranger. On ne garantit pas aux familles ou aux groupes d'amis de les placer dans un même compartiment, tant s'en faut.

Le matériel est bien construit ; les portes (sans loqueteau) sont très-faciles à ouvrir, retombent et se clanchent d'elles mêmes. Il suffit d'en garantir la fermeture rigoureuse en abaissant le bouton de l'*intérieur* ; il n'existe *qu'un seul* marchepied courant le long de toute la voiture (qui est très-basse) ; l'embarquement est encore facilité par l'apposition dans toutes les voitures sur le côté interne de la portière d'un appui fixe en laiton, qui donne une réelle assurance au double pas que l'on fait pour s'introduire à l'intérieur. Pour descendre, le voyageur, dès la sensation de ralentissement du frein à air, relève le bouton mobile jusqu'à l'ouverture complète de la porte, puis il met pied à terre avec la même aisance qu'en montant, grâce à l'emploi de l'appui fixe.

XV. — *Toute interruption de voyage entre deux stations est interdite dans les trains des Stadt et Ringbahn.*

La défense de l'interruption du voyage vise surtout la fraude. Je suppose, en effet, que

, 8

l'on prenne à Friedrichstrasse un billet Südring ou Nordring, 2ᵉ classe, 1 m. 40. Avec ce billet on peut faire le parcours Stadtbahn et Nordring, revenir à Friedrichstrasse, descendre, puis reprendre un train de Südring, vous ramenant au même point et continuer ce même manège à volonté.

Mais ce sont là des cas absolument particuliers. Ce paragraphe n'a par suite qu'un intérêt limité.

XVI. — *Les voyageurs du Südring dans la direction de Rixdorf, Tempelhof vers Wilmersdorf, Friedenau et au-delà peuvent soit descendre à Schoeneberg et y attendre le retour de Postdamer bahnhof, soit continuer jusqu'à Postdamer bahnhof pour s'en retourner.*

La faculté donnée aux voyageurs parcourant dans un sens quelconque la Südring, de descendre ou de rester dans le train à Schoeneberg, tandis qu'il court à Postdamer bahnhof et en revient, n'a pas d'autre intérêt particulier que celui d'un train aboutissant dans un terminus, repartant après un séjour limité à une minute, pour changement de machine, sans transbordement. C'est le pendant du service exécuté à Londres (Charing-Cross) pour la banlieue de la Tamise, avec arrêt à Cannon street, qui est aussi à la fois un terminus et un point intermédiaire.

A Postdamer bahnhof, la machine ne change pas de bout ; elle est coupée à la tête du train, tandis que la machine du train précédent se met à l'autre extrémité, devenue la tête du train.

Disposition additionnelle. — *Le public doit préparer à l'avance la monnaie correspondant exactement à la valeur du billet.*

La mesure prise, qui semble calquée sur les règlements de l'Etat belge, est évidemment très-avantageuse pour l'exploitant. Tout est mis en œuvre pour simplifier la tâche des agents : une table circulaire sert de guide aux voyageurs, qui, tout en suivant la queue devant le bureau des recettes, préparent leur monnaie. Ils l'étalent une fois au guichet, sur des grillages en bois, qui permettent un maniement plus facile ; enfin *tous les prix*, ainsi que l'établit bien le barème, sont *invariablement arrondis par dix*. Le calcul et le comptage est ainsi complètement simplifié du haut en bas de l'échelle.

Je crois devoir insister sur cette disposition toute particulière.

Tarifs.

STADTBAHN

TARIF I.

Prix des Places. — 3ᵉ CLASSE.

(Ces prix sont exprimés en pfennigs $=\frac{1^m}{100}=0\,fr.\,0125$).

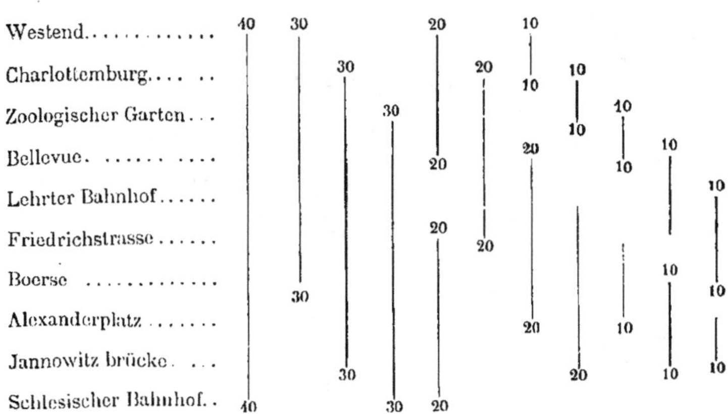

Les prix de **2ᵉ Classe** comportent une majoration de 0ᵐ 10 sur ces prix.

— Le tarif I est en réalité tarif général. Il n'est cependant pas le résultat de l'application de bases fixes (*taxes de péage, de traction, etc.*) ; c'est une série de prix fermes arrondis à plaisir à 0 m. 10 ; c'est déjà une exception avantageuse pour tous, mais une exception.

Le procédé graphique que j'ai employé évite d'indiquer les taxes par double emploi au départ d'un même point.

Ainsi, 3ᵉ classe, de Westend à Zool. Gart., 0 m. 20, c'est-à-dire prix de Westend à Bellevue et réciproquement (cas de la gare intermédiaire).

De Westend à Lehrter Bahnhof.	. .	0 m. 30	
id. à Friedrichstrasse .	. .	0 30	et réciproquement.
id. à Boerse .	. . . . .	0 30	

— L'augmentation de 0 m. 10 pour passer de la 3ᵉ classe à la 2ᵉ classe, quelle que soit la distance, est excessive ou bien très-minime. C'est là un compromis qui n'a été évidemment souscrit que dans le but de simplifier la comptabilité.

— Ces mesures un peu arbitraires nous démontrent combien les Allemands, qui sont cependant si soigneux du détail, ont attaché un prix considérable à des *expressions simples*.

— Il existe 6 autres tarifs que le tarif I :

    II. Stadt Ringban.

III.	id.	Grünewald.		Métropolitain.
IV.	id.	Erkner.		Ceinture Banlieue.

    V. Stadtbahn Grünewald Werder (Métrop. Banlieue).

    VI. Stadtbahn Zehlendorf (Métrop. Banlieue).

    VII. Stadtbahn Spandau (Métrop. Banlieue).

leur intérêt est entièrement local.

Les prix sont, comme pour tous les tarifs spéciaux, fixés suivant des considérations de tous ordres.

Je ne crois pas devoir m'étendre sur les dispositions de ces différents tarifs.

CHAPITRE V.

MATÉRIEL ET TRACTION

Machines. — Voitures. — Freins. — Dépôts.

Matériel et Traction.

Ce service donne lieu à moins d'observations particulières que les autres ; son caractère principal est dans sa simplicité.

— *Machines-Locomotives.* — Il n'y a qu'un type de machines sur la Stadtbahn, — à roues libres à l'avant (1). Ces machines (machines-tender) dont le diamètre des roues motrices (2 roues couplées) est restreint, ne sauraient sans doute faire un service plus accéléré, en raison surtout de leur charge en porte-à-faux à l'avant. La vitesse étant limitée à 45 kilomètres à l'heure, elles donnent un service très-satisfaisant, elles démarrent (même dans les courbes comme à Friedrichstrasse), avec la plus grande aisance ; il est bon de rappeler que leur maximum de charge est de 8 voitures (8ᵛ + 3ᵗ) = 11ᵗ chargées ; au total 88ᵛ.

— *Voitures.* — Nous avons vu que l'on avait ingénieusement substitué dans la pratique aux fourgons *de choc*, un seul compartiment de voiture le *schützcoupé*. Il n'y a donc pas d'autre véhicule en service que les voitures. Dans les voitures, on a encore réduit le régime allemand : 1ʳᵉ, 2ᵉ, 3ᵉ et 4ᵉ classes, la 1ʳᵉ et la 4ᵉ classes. — Il ne reste plus ainsi que deux types uniformes, sans vigies.

2ᵉ cl. à 4 caisses de 8 places . . . . 32 pl. (panneaux verts).
3ᵉ cl. à 5 caisses de 10 places . . . . 50 pl. (panneaux brun foncé).

Le châssis étant très-bas, on a pu ne laisser qu'un seul marchepied, ainsi que je l'ai expliqué au développement du Réglement (voir partie commerciale). On y a ajouté un appui en laiton des plus heureux. On a fixé les glaces de côté et augmenté leurs dimensions ; on a encore accru la hauteur de la caisse. — De là, plus de sécurité, plus de rapidité dans le service du train, plus d'hygiène dans la voiture. On a enfin ajouté au confortable en 3ᵉ classe, en employant des bois souples ou de la tôle flexible pour les siéges.

Je me permettrai sur ce même sujet, de signaler l'affichage intérieur : dans chaque voiture est placardée une carte explicative de la Stadtbahn et de la région de la grande ligne avoisinante : le public se loue énormément de la mesure.

— *Freins.* — Sur la Stadtbahn on fait usage du frein continu à air.

— *Dépôts.* — Il n'y a des dépôts qu'en dehors de la Stadtbahn. Celui de Halensee est le principal ; c'est un groupe de deux rotondes, affectées au service mixte de la Stadt et Ringbahn.

---

(1) Sur la Ringbahn, quelques machines en service ont les roues libres à l'arrière — au reste même modèle.

CHAPITRE VI.

ADMINISTRATION

Recettes et Dépenses. — Conclusion.

Recettes et Dépenses

L'Administration de la Stadt et Ringbahn est confiée à la Direction royale des chemins de fer de l'État, de Berlin. (*Kœnigliche eisenbahn Direction zu Berlin*).

Le service de l'Exploitation (mouvement commercial, contrôle, matériel, traction et entretien), semble très-convenablement entendu

Dans un des modestes immeubles de Neustaedtiche Kirchstrasse sont les services divisionnaires de cette Exploitation ; ils ne comptent pas plus de trente agents, y compris l'état-major.

Dans les gares, le personnel a été aussi sobrement distribué qu'à l'administration centrale ; mais si la dépense est restreinte de ce chef, le nombre des trains est considérable. Comme nous l'avons vu, il comprend :

Pour les voyageurs un minimum de. . . . . . . 358 unités,
avec un parcours journalier de . . . . 4 300 kil. train (1).

— Les *dépenses* annuelles de la Stadtbahn montent au total, à 3 908 000 m.
ou . . . . 4 885 000 fr.
La dépense au kilomètre train est de . . . . . . 1 m. 82
ou . . . . 2 fr. 28

— Les recettes brutes ont été en 1883, de . 15 000 000 m. ou 18 750 000 fr.
Une fois déduit le trafic revenant aux grandes lignes, il reste net . . . . 3 524 000 m. ou 4 405 000 fr.

Dans cette somme les recettes diverses concourent, pour 500 000 m. ou 625 000 fr. ; et parmi elles les locations des voûtes des viaducs pour 48 000 m. ou 60 000 fr. seulement.

La recette au kilomètre de train est par suite 1 m. 64 ou 2 fr. 05

Ainsi, pour l'Exploitation des 59 k. 1 kilom. de la Stadt et Ringbahn, l'Etat est appelé à parer aux insuffisances par. . . . . 384 000 m. ou 480 000 fr. par an.

____

(1) En dehors des kilomètres effectués chaque jour sur la Stadtbahn soit . . . . 4 300 kil.
et non compris les facultatifs, on compte sur la Ringbahn. 1 500
c'est-à-dire un nombre moyen par jour de 5 800
Pour l'année complète, y compris les facultatifs. . . . . 2 140 000 kil. train
Ce dernier chiffre ne comprend pas les trains de marchandises de la Ringbahn n'effectuant que de simples passages et, par conséquent, sans charges bien sérieuses pour l'exploitant.

Mais, ce demi-million n'est rien en proportion des intérêts non servis des constructions.

de la Stadtbahn.	91 000 000 (1).
de la Ringbahn.	45 000 000 (2).
Au total	136 000 000

Il faut d'ailleurs tenir compte de l'amortissement, et prévoir le renouvellement, etc.
La Stadt et Ringbahn coûte ainsi à l'État une rente annuelle de :

8 000 000 fr.

Conclusion.

Dans ces conditions, on peut conclure que, si l'on fait abstraction des considérations
d'ordre stratégique, on se rend difficilement compte de la nécessité d'existence de la
Stadtbahn.

PAUL GAUDIN,

Inspecteur de l'exploitation.

Berlin, décembre 1884.

P. S. — Cette courte analyse présente, à mon grand regret, bien des lacunes que le
mutisme des chefs de service allemands ne m'a pas permis de combler.

Une réserve extrême est commandée aux agents de tous grades par une réglementation si sévère qu'un léger écart peut entraîner la prison.

Du haut en bas de l'échelle hiérarchique, on témoigne le désir de vous être agréable ;
les documents que vous pouvez désirer sont là, sous la main, mais il faut une autorisation si spéciale pour vous les livrer, que le ministre compétent vous engagera lui-même
à la réclamer de l'intervention diplomatique.

Si vous êtes assez heureux pour intéresser au succès de vos recherches le représentant
du gouvernement français, vous n'en échouerez pas moins.

**« L'administration ne saurait accorder d'autorisation, par suite d'objec-
« tions soulevées, pour des motifs d'ordre stratégique, par l'autorité
« militaire. »**

La RÉCIPROCITÉ s'impose !

P. G.

---

(1) La Stadtbahn a donc un rendement de 0.527 0/0
alors que le Métropolitan-Railway de Londres donne environ 4.000 0/0

(2) Le chiffre de 45,000,000 fr. pour la Ringbahn n'est qu'une évaluation, fournie dans les bureaux de la
Stadtbahn.